JN152867

あの社長のこの言葉

市川覚峯

This quote from that president

Discover

まえがき

激動の昭和・平成を駆け抜け、立派な業績と歴史に足跡を遺した創業者たちがいる。筆者も一部同じ時代を走り抜けてきた人間の一人である。

筆者はいつもその創業者たちが「どんな想いを抱き」「どんな走り方をしているのか」気になっていた。そしてその生きざまに積極的に接するように心がけてきた。

幸いなことに筆者の仕事柄、ここに紹介する創業者の多くの方々と出会い、講演を聞き、面談する機会に恵まれてきた。あの創業者たちの肉声が耳の奥に残る人間の一人として、日本が誇る企業家の思想や生きざま、そして経営のあり方を皆さんに伝えていくことが筆者の使命と思い、本書をつくり込んできた。

ここに百名の創業者の名言を紹介する。名言はことわざ・格言などとは違い、その人の生き方や個性について光を放っているものである。その人物らしい苦闘の中から生まれた宝石のようにキラリと光る言葉である。宝石に好みがあるように百個の名言の中からも自分に合うものと合わないものがあろう。

百個の名言をすべて自分のものにする必要もない。この語録の中からピンと感じたもの、心をひかれたものを自己の魂への応援歌として常に身近に置き、今まで以上に輝かしい人生を送って欲しい。

『想魂錬磨《そうこんれんま》行継承《ぎょうけいしょう》』

これは筆者の千二百日間の修行の悟りの言葉である。想いと魂を磨き、それを行いをもって継承していく、という意味である。ここに示された企業家の想いと魂を己の魂の中に宿し実践し、さらにそれを次世代の日本を負う方々に継承していただきたい。

市川覚峯

この本にふれ、さらに深く学びたい、またその企業家の生きざまに接してみたいと思う方は、日本を誇る企業家の言動と思想を展示・発信している『企業家ミュージアム』にご来館ください。本書を受付で提示すれば入館料は無料とします。詳しくは「企業家ミュージアム」http://www.csm.or.jp

4章 人がやらないコトをする

5章 人を活かし自分を生かす

6章 自分を信じて挑戦し創造する

7章 困難をチャンスに人間力を作る

8章 今日からスタートやってみなはれ

参考文献

□実録創業者列伝Ⅰ　市川覚峯他勢筆（学研）
□実録創業者列伝Ⅱ　市川覚峯他勢筆（学研）
□創業者列伝　市川覚峯他勢筆（学研）
□日本経営者列伝　加来耕三（学陽書房）
□創業者は何を教えたか　梶原一明他執筆（経済界）
□日本の商人　田原総一朗（TBSブリタニカ）
□創業者に学ぶ　市川覚峯著（月刊「社員教育（連載四十八回）」日本能率協会）
□先達企業家から経営道を学ぶ　市川覚峯著（「スクエア21（連載二十五回）」全国経営者団体連合会）
□本田宗一郎の教え　原田一男（ロングセラーズ）
□井深大とソニースピリッツ　立石泰則（日本経済新聞社）
□盛田昭夫語録　ソニーマガジンビジネスブック編集部（ソニーマガジンズ）
□気骨「経営者土光敏夫の闘い」　山岡淳一郎（平凡社）
□素直な心になるために　松下幸之助（PHP研究所）
□初恋五十年　三島海雲（ダイヤモンド社）
□人を幸せにする人が幸せになる　立石一真（PHP研究所）
□貫く「創業」の精神　塚本幸一（日本経済新聞社）
※その他各社の社史、日経新聞の「私の履歴書」等を参考にしました。

※本書は2015年7月宝島社より刊行した『心に火をつける創業者100人の言葉』
を再編集したものです。

1章

人を幸せにして幸せになる

立石一真

人を幸せにする人が、幸せになる。

立石一真

オムロン　創業者

たていし・かずま／一九〇〇年生まれ。オートメーションの設備に思いをよせ、駅の自動改札や自動販売のシステムづくりをリードするなど「企業の公益性」を古くから訴えた創業者。

筆者は三十代の頃、オムロンのコンサルタントとして京都の草津工場に通っていた。工場の入口に「人を幸せにする人が、幸せになる」の文字が大きな石に刻まれていたことを思い出す。

そして当時の社員たちは近くの堤防に桜の木を植え、工場のまわりの掃除をしていた。また四月になると、通い慣れない小学一年生を交通事故から守るため、工場の近くの横断歩道に黄色の旗を持って立っていた。

このように社員一人一人が心からの奉仕活動をする社風の背後には、創業者が残した企業理念や社会にかかわる時の〝こころ〟があるからだ。

「幸せは直接つかめない。人を幸せにすることの反応とし自分が幸せを感ずるものである。周囲がすべて幸せになっていけば、自分もいつの間にか幸せになっていく。これは商売でいう『奉仕優先』『消費者優先』の考え方だ。自分だけが幸せになりたいと思い、人を押しのけてでも自分の利益のみを追う、自己優先の考えは間違いである。

社会、お得意、消費者優先である。これなくして企業の繁栄もないし、企業の繁栄なくしてお互いの幸せもあり得ない」

と立石は語り、そして、「人を幸せにする人が、最も幸せになる」を常に強調していた。

高梨仁三郎

人に喜びを与え、一緒に幸せになろう。

高梨仁三郎

東京コカ・コーラボトリング　創業者

たかなし・にさぶろう／一九〇四生まれ。日本にサイダー、ラムネしかない戦後、米軍がおいしそうに飲んでいるコカ・コーラをアメリカの本社まで出かけ交渉の末、日本に最初に持ち込んで普及させた。

髙梨仁三郎の先祖はキッコーマンを創業した髙梨・茂木・中野一族である。

筆者も前社長の髙梨圭二（仁三郎のご子息）とのお付き合いから、コンサルタントとして数年間「社風改革」にかかわって気づいたことがある。

仁三郎の影響を直接受けた社員は人懐っこく、親切で人間関係や絆を大切にする。ある部長から「先生、いい人いない？」と聞かれた。取引先の酒問屋の嫁さがしの話である。そして次は「先生の顔でいい会社に入社させてやってください……」と履歴書を渡す。今度はご子息の就職先依頼である。

このように、彼らには取引先が喜ぶことであれば、たとえ商売以外のことであろうとも心身をくだいて人に喜びを与えようとする。仁三郎の教えは「人の喜ぶ顔を見て自分も喜びを感ずる。それが自己の幸福獲得の真髄」であるからだ。

彼らは酒屋さんの店先にある酒の空瓶を倉庫に片づけてあげ、また商売の経験の全くない若いお嫁さんに売上向上の指導・支援をする。おばあちゃんとお嫁さんがコカ・コーラの赤い車が過ぎ去るのを後ろから両手を合わせて感謝したという。まさに仁三郎の精神が根づいていた時代のドラマである。

小川栄一

働くこと自体が、
人の親切、
社会への親切へと
つながらなければ、
本当に良く働いたと
いうことにはならない。

小川栄一

藤田観光　創業者

おがわ・えいいち／一八九九生まれ。温泉は出ないと言われた小涌谷に箱根小涌園をつくり、また都内にはやすらぎの池、椿山荘をつくった日本の観光事業のリーダー的存在。

日本で人気のホテルに椿山荘がある。筆者は、藤田観光には「組織活性化」のコンサルタントでかかわったが、この社には今でも創業の心が息づいている。

藤田観光を興した小川は、「大いに働いた人こそ大いに楽しむべきであり、観光事業はこの働いた人々に感謝をむねとして、サービスせねばならない」として、箱根小涌園をつくった男である。「働いたならば楽しく遊ばなければならない。楽しく遊ぶためには、一人一人が持つといっても大変じゃないか、共同の庭をつくろうじゃないか」と考え椿山荘をつくった。

小川は、「大いに働いた人を楽しませるものは何よりも一人一人の社員の心にある親切と真心です」と社員を指導した。

「観光事業はお客様に喜んでもらう商売です。どうすれば喜んでもらえるかというと、自然環境や設備も大切ですが、実際は周りの温かい心、ことに従業員の真心が全部です」

小川語録には喜びを語ったものが多い。たとえば、こんな言葉だ。

「人から喜ばれる。同僚から喜ばれる。なんとなくあの人の顔を見ていれば楽しいように思えてくる。そんな人になってください」

「働くこと自体が人の親切、社会への親切へとつながらなければ、本当に良く働いたということにはならない」などである。

岩切章太郎

「おもてなしの心」「人情の美」が人気を左右する。

岩切章太郎
宮崎交通　創業者

いわきり・しょうたろう／一八九三年生まれ。宮崎交通を興した「観光の父」と呼ばれる。一九六〇〜七〇年代、二百万人の新婚カップルの四分の一の五十七万人を宮崎に呼び込み、一大観光地をつくりあげた人物。

岩切は、地方の観光を成功させるには「おもてなしの心」「人情の美」が左右すると考えていた。だから彼はまず、日本一と称美された〝バスガイドの養成〟に力を入れた。

修学旅行の団体が来る時、その学校の校歌の演奏で迎えたという気配りには感動する。

岩切は客からの「評判ほどではない！」という言葉を危険信号として、常に自戒していた。彼は「最もいい観光地では、〝自然の美〟〝人工の美〟〝人情の美〟が一つに溶け込む」と言い、自然より美しく磨きあげる大地に描いた夢で客をもてなす、とした。こうした岩切の創意工夫の精神は、時を越え、今でも輝きを放っている。

岩切は仏の心を経営に生かした人でもある。仏典や僧の言葉を糧に幾度もの危機を乗り越えた企業家である。

岩切は「心配するな、工夫せよ」という僧の教えが役立った、と語っている。最悪の事態に腹を据えて何が起きても心配せず、ただ一生懸命工夫する生き方を貫いた。宮崎交通のサービス精神は、「お客様の心の声に耳を傾け、笑顔で最高のおもてなしを約束します」という行動指針にすべてが含まれている。

箭内源典

われわれは旅行者に
温かい人情を
提供してあげたい。
真心こめてもてなして
あげようではないか。

箭内源典
日本ビューホテル
創業者

やない・げんてん／一九一五年生まれ。那須の「小松屋」旅館五十七代目。那須ビューホテルを建てたのを皮切りに、近代的ホテルを次々と開業、個性豊かなホテルづくりを目指し活動した。

筆者は産業能率大学の講師をしていた時、管理者向けの二泊三日の公開セミナーを月に三コース担当し、そのほとんどは「成田ビューホテル」を会場にしていた。講師も受講生たちも箭内の思想が浸透していたビューホテルのサービスに満足し常に活用したものだ。

「温かい人情を提供したい」と箭内は語っていた。

「私は、大自然に接してその美しさに感動はする。この自然にどんな工夫を凝らしたら多くの人に楽しんでもらえるか、そんな思いが先に立つ。採算よりもこの自然を生かして、自分の夢を果たしてみたい。ここに理想郷をつくってみたい」。これが箭内のホテルづくりへの想いである。

「われわれは旅行者に温かい人情を提供してあげたい。真心をこめてもてなしをしてあげようではないか。それがこの職業を選んだ私たちの使命というものだ。これはホテルマンの義務と言ってもよい。自分の義務を立派に果たした時に、われわれは初めて人の満足を得ることができる」

「私は、君たちの心温かいサービスがすべてのお客様に満足を与え、感謝され、そのことを君たちが素直に誇りに思うようなそんな職業人になってほしい」

と社員教育で語っている。まさに箭内のサービスに対する想いが伝わってくる。

杉浦六右衛門

この感動を
友人、知人や多くの人に
味わわせてあげたい。
〝感動をより多くの
人々に与えたい〟

杉浦六右衛門

小西六写真工業（現コニカミノルタ）創業者

すぎうら・ろくえもん／一八四七年生まれ。新しいモノ好きでアイデアマン。はるばる横浜の異人館から写真材料を買い込んで、小西屋六兵衛門商店でそれを売りさばき「サクラカラー」コニカの原点をつくる。

初めてカメラレンズの前に立った杉浦は、写真として写り出た自分の姿に感動し、この感動を友人、親類はじめ多くの人々に味わわせてあげたいと考える。杉浦の創業の原点は〝感動を人々に与えたい〟という想いである。

写真家の顧客満足のため、また写真に感動してくださる多くの大衆のために心身を犠牲にして、新技術へのチャレンジを続け、日本初の映画（活動写真）を製作したのも杉浦だ。カメラの普及のために女性が肌を見せただけで非難を浴びる時代、日本初のヌード写真会を企画したり、写真学会をつくったり、写真専門学校（現・東京工芸大学）を設立したりした。

杉浦は未踏市場へのフロンティアスピリットと負けじ魂、困難をチャンスに置き換える不屈の精神で研究開発へ挑戦した。

その志を引き継いだ社員たちは昭和の時代、世界初の自動焦点装置のついた〝ジャスピンコニカ〟を開発し大ヒットさせた。新しい技術に常に挑戦するこの会社では、〝世界初〟とか〝日本初〟の記録を数多くもっている。筆者もコンサルタントとして管理者教育を担当したが、工場の壁には「コニカは小さなものに意地がある」と大きく貼り出され、ここにも杉浦のＤＮＡが継承され続けていることを感じ、思わず感動したものである。

弘世現

人間性の基本はたった一つ、〝他人を思いやる〟ということ。

弘世　現

日本生命保険　中興の祖

ひろせ・げん／一九〇四年生まれ。日本生命保険の創業者である助太郎の四女の婿になり、昭和二十三年、四十四歳の時より三十五年の長きにわたり社長を務め、現在の日本生命の基盤をつくる。

弘世は創業の精神ともいうべきものを義父・助太郎から学んだという。結婚して間もない頃、助太郎夫婦と現夫婦とで富士五湖めぐりをした。自分たちが予約してあった遊覧船に団体客が乗っている。秘書が「下船させましょう」と言ったら、助太郎は「この人たちの中にはうちの契約者も何人かいるだろう。何もわれわれは先を争っていく必要はないんだから、次の船を待つことにしよう」と言ったとされている。

それを見て弘世は「大衆を相手にする商売」とはいかなるものかを学び、喜びを感じたという。「ですから、僕は駅で混んでいると、最後に乗るんですわ。なるたけ他人の人を先に乗せて、もう出発という直前に乗れればそれでいいと思ってね」

すべての人がお客様かもしれないのだから〝譲る〟という行動は素晴らしい。

弘世は語る。

「私は人間性の基本は一つで、それは他人を思いやるということではないかと思っています。地位が上になればなるほど、その心を厚くしなければ下の者の苦しみは大きくなるばかりです。立場が人間の器を創るということはありますが、器に合うものかどうかという問題があります」

「器さえよければ何でもいいってわけじゃないと思う。しかし、中身がよければ器の方でそこへ行きたいと思ってるんでしょうね」

鈴木清一

自分に対しては
損と得とあらば
損の道をゆくこと。
他人に対しては
喜びの種まきをすること。

鈴木清一

ダスキン　創業者

すずき・せいいち／一九一二年生まれ。ダストコントロール事業を中心に、リネンサービスやミスタードーナツのフランチャイズチェーンなどの基盤をつくった。

「損の道をゆけ、というのはわかりにくい。いっそ〝正しい道をゆけ〟としたらどうか」という他人からの問いに対して、「何が正しいとか正しくないとか、人間にわかるものでしょうか。それは神様だけにしかわからない。人は自分がいつでも正しい、と主張するから争いが絶えない。そこを、多少、分が悪くても、相手によろこんでいただけるなら損の道をゆく。これなら神様に相談しなくても、自分でできる解決の道である」と、鈴木は語る。

「物事を解決するとき、一歩前に出たやり方は解決にならない。一歩引いて解決したとき、これが完全な解決になる」。これは日本的な他人に〝譲る〟姿勢である。鈴木はこれを貫き通した。

自分を二の次にしても、あえて損の道をゆく。ここに成功者の極意がある。

「相手に喜んでもらうことで、徳を積むことこそ、自分の喜びになる」

これが鈴木の人生哲学の基本であった。

『ダスキン悲願』

謙遜　賢明　剛健の徳を養い　仕事の第一は人間を作ることでありますように

働くことが楽しみであり　利益は喜びの取引から生まれますように

商いを通じて人と仲良くなり　経済をもって世界平和のお役に立ちますように

2章

大志をもって社会につくす

三島海雲

私が若人に望むことは、
〝私心を離れよ。
そして大志を持て〟
ということである。

三島海雲
カルピス　創業者

みしま・かいうん／一八七八年生まれ。モンゴル人の体力があるのはあの〝白い汁〟を飲んでいるからだと思い、皮袋に入れて持ち帰り、「国利民福」の精神のもと八年半の歳月をかけてカルピスを開発する。

筆者はカルピスの幹部研修に通っていた時、三島の書いた『初恋五十年』に出会い、すっかり三島のファンになった。三島が寺の息子で十四歳まで修行をしていたということが、千二百日行者である私には身近に感じたのだ。

また、三島の語る「国利民福」という四文字には今でも〝共感共振〟しきっている。これは「国の利益と民の幸福を常に考えて事業を行え」というものだ。

三島は若者に訴える。

「〝私心を離れよ。そして大志を持て〟。人間である限り、欲望のないものはいない。だがその欲望は、小さな私欲ではなく、もっと大きく、国家、社会に利福をもたらすような欲望を持つことである」

「有意義なことを始めたら、必ず金のこととか、食べることの心配はいらなくなる。給料の多い少ないなどに汲々とするな。自分の生活がどうとかいう卑屈な考えは捨てよ。若い人は大志を抱き、理想に向かってまっしぐらに努力することだ」

「私は恩師に学んだ。『まず朝起きて読むべき本は、精神の糧となる書物がよい』。その教えを実行している」

松本望

最高の技術を活かして、大衆が喜んで利用できる価格でなければ事業の意味を失う。

松本 望

パイオニア 創業者

まつもと・のぞむ／一九〇五年生まれ。キリスト教の伝道師の家で育った松本は「いい音を福音」とし、多くの人を喜ばせようという志でパイオニアを発展させた。

筆者が主催していた「経営道フォーラム」（山城経営研究所）の受講生であった村上興雄が静岡パイオニアの社長になった時、社員教育のお手伝いをしたことがある。村上は「一、開拓者精神を発揮すること　二、社会から信頼と尊敬を得ること」といったパイオニアの理念を魂に宿した生粋のパイオニアマンであった。村上が創業者・松本望の心を大切に現代の経営に生かしている姿に感動したものだ。

松本の父はキリスト教の伝道師であり、松本は「幼い時から勤労の精神を養っておかねばならぬ」という父の指示で、小学三年生の頃から新聞配達をしたり、夜は床屋の見習いにも出た。卒業してラジオ輸入商の高木商会に勤めていた時に、「あなたの人柄を見込んで、独立資金を援助しよう」と言われ、迷わず「福音商会電機製作所」を設立した。

クリスチャンの松本は「音によって社会貢献する」という信念から、この社名をつけた。「わが社は音の専門メーカーである。音をもって社会に貢献することを忘れてはならぬ。そのためには最高の技術を活かして、大衆が喜んで利用できる価格でなければ事業の意味を失う」と訴え続け夫婦二人の家内工業から大きく発展させた。松本は次のような社是を残している。

「第一に製品の品質に重きを置き、第二に時期のねらいを誤らず、第三に原価の低減に努力しなければならない」

森泰吉郎

初めから儲けるつもりで
のぞむのではなくて、
みなさんのお役に立とうと
いうつもりでやる。
それがみなさんにも報い、
また結果において
われわれの儲けにもつながる。

森 泰吉郎
森ビル 創業者

もり・たいきちろう／一九〇四年生まれ。五十五歳の時、横浜市立大学商学部長から転じて、虎ノ門、新橋、赤坂を中心にオフィスビルを建築、運営した。六本木に「ARK Hills」（アーク森ビル）を完成させる基盤をつくった。

森は社員に向けての講話で以下のように述べている。

「企業とは儲けがなければ自らも成り立たないし、儲けることによって発展も成長もするわけだから、それを無視することはできない。そうすると、往々にして儲けることが主になって本当の社会的なサービスという機能を忘れて、儲けることだけに走るということにもなりかねない」

つまり、まず儲けるよりも、こちらからサービスを提供すること。つまり、社会の必要に応じて需要を効果的に満たしていくことで、結果的に儲けることができる、ということだ。

とかくビル屋、不動産屋というと拝金主義に走り儲け中心に事業活動をする企業が多い中で、町づくりやその地域への貢献という面を早くから考え、その方向で多くの実績をつくってきた森である。またそうした考えがARK Hills（アーク森ビル）のような先端装備を施した、業務・住居・文化機能と緑と広場をもつ、複合都市をつくりあげることになる。

森は大学の元商学部長であっただけあり、先哲企業家の理念や教えを自らのものとして学び身につけたという。特に製糸王と言われた片倉工業の兼太郎（36ページ）の影響を受けたと言われている。

丸田芳郎

真理にかなった
やるべきことをやって
だめなものは仕方ない。
考え違いをしているとか
欲張っているとか、
どこかに真理に
はずれていることがあれば
抹殺されます。

丸田芳郎

花王　中興の祖

まるた・よしお／一九一四年生まれ。花王に入社して以来、技術者として製品開発に深くかかわり二十年近く社長を務め、花王の中興の祖と言われている。聖徳太子の思想をもって経営した人物。

筆者は山城経営研究所の常務理事であった頃、「経営道フォーラム」という上場企業の役員候補の研修を行っていた。

この時の受講生五十名を連れて丸田の話を聞きに花王に伺った。丸田は聖徳太子の考え方をベースにして経営しており、その思想を常に発信していた。

一流と言われる経営者は決まって自分軸がしっかりとして、信仰するような思想が確立されている。前述した「真理にかなったことをやってだめなものは仕方ない」もそうした思想から出てきているものだ。

「私はよく言うんですけれど、同業他社とシェア争いなどということを絶対考えることはないんだと。販売も今月はなんぼ売上げろとかなんぼ達成したかなんて一言も言ったことはない。

問題はそんなことよりも、いい商品をつくる努力をする。販売として大切なのはそういった魂のこもった商品が店に並ぶか並ばないか、目につくところにあるかどうかなんです。せっかくいい商品だとおすすめしているものが、欠品だったりすることは非常にお客様に対して不誠実なことをしている。そういうことをしちゃいけない」

と語る丸田の存在感あるカリスマ的な姿が今でも目に浮かぶ。

片倉兼太郎

人はたんに
金銭のためにのみ働かず。
すべからく
天のために働くべし。

片倉兼太郎
片倉工業　創業者

かたくら・かねたろう／一八四九年生まれ。長野県諏訪岡谷に製糸工場をつくり製糸王と言われた。利益を社会に還元することと考えて、無料で入浴できる「千人風呂」や「映画館」などをつくり、地域社会に貢献した。

片倉は語る。「人間は何でも食うことに心労せぬように為しおけば、事業波瀾のごときはたいていなんとか漕ぎ抜け得られるものなり」

また、「善を積んで進んでゆけば、牛の歩みのように遅くても、のちに必ず目的地に到着するものである」とも伝えていた。

〝製糸王〟と言われた彼は、片倉家の家憲を次の通り定めている。

①神仏を崇敬し、祖先を尊重するの念を失ふべからざる事
②忠孝の道を忘れるべからざる事
③勤倹を旨とし、奢侈の風に化せざる事
④家庭は質素に、事業は進取的足るべき事
⑤事業は国家的観念を本位とし、公益と一致せしむる事
⑥天職を全うし、自然に来るべき報酬を享くる事
⑦常に摂生を怠るべからざる事
⑧己に薄うして、人に厚うする事
⑨常に人の下風に立つ事
⑩雇人を優遇し、一家族を似て視る事

この家憲は、兼太郎が一生涯を通じて実践し成果をおさめたものである。さすが製糸王と語られた男のつくった家憲であり感動する内容ばかりである。

竹中藤右衛門

〝士魂商才〟
建築は商売であってはいけない。
営利だけを追求する
建築商であってはならない。
正しい道を正しく歩んで、
信用を第一に重んじることで、
得意先が次々とふえていく。

竹中藤右衛門
竹中工務店　創業者

たけなか・とうえもん／一八七八年生まれ。竹中の先祖は織田信長の普請奉行をしていたという。その後社寺造営を家業とした工匠竹中家の十四代目として、世界一高い東京タワーをつくった。

竹中の苦闘の中から生まれた豊富な話題と独特な語り口に、人々は酔ったように耳を傾けたという。

「私どもは、元来、広告宣伝は不得手でもあるし、やろうとも考えない。昔は『表に看板がないのは竹中だ』といわれたものである。近年になって現場では看板を出す規則になったが、それもできるだけ大きくしないようにしている。

よいものができれば、その建物が客をよんでくれる。広告や宣伝が客をよぶのではない。こういう主義の下に縁あって集まり、その中でお互いに力を合わせてそれぞれのベストを尽くしていこうではないか……」

なんといっても竹中が誇るのは、当時のエッフェル塔より三十三メートルも高い世界一の高さとなった、東京タワー三百三十三メートルの大鉄塔の建設であろう。

建設業界の名門、竹中工務店の名声を日本はもちろん海外にまで知らしめたのは、東京タワーの成功だ。

竹中工務店には創業者の魂が込められた「竹中の棟梁精神」というものがある。それは「作品（建築物）のすべてに責任を持つ」というただ一言である。

出光佐三

権利思想や、個人主義では
絶対にうまくいくはずがない。
お互いに譲り、お互いを助ける
互譲互助、
和のあり方でなければならぬ。

出光佐三
出光興産　創業者

いでみつ・さぞう／一八八五年生まれ。「家族経営」、「人間主義経営」を特色にし、日本の明日を考え常に国家的視点をもって経営した。小説『海賊とよばれた男』のモデル。

「日本人が、日本伝統の互譲、和の姿に一刻も早く立ち返り、対立闘争で行き詰っている世界に平和と福祉のあり方を教えることが、今日の日本人の世界的使命である。そしてその使命を担っているのが日本青年である」と出光は訴える。

「私は青年に呼びかける。政治家をあてにするな。教育に惑わされるな。そして祖先の伝統の地のささやきを聞き、自らを頼って言論界をひきずれ。この覚悟をもって自ら鍛錬し、修養せよ。そして、その目標を明治時代の日本人たることにおけ」

「明治時代は、日本にとって最も偉大な力を発揮した時代である。建国以来、日本精神が世界的に爆発した時代である。

国民は日本精神を堅持して、外国文化を吸収した時代である。心身を鍛錬し、人格を養成して人間尊重の基礎を固め、社会国家のために己を忘れて一致団結し、人間の偉大なる力を発揮した時代である」

出光はこのように、日本人に対して、日本人らしくあれと訴え続けた。

出光佐三をモデルにした『海賊とよばれた男』(百田尚樹、講談社)という小説がヒットしたが、決して出光は海賊のような男ではない。

森下博

よい商品を人々に知らすこと自体が世に益することである。

森下博

森下仁丹　創業者

もりした・ひろし／一八六九年生まれ。わずか一ミリの丸薬で一世を風靡した「仁丹」を発明した。薬品医療設備の未整備な時代に「大衆の健康に奉仕する」として総合保健企業を築いた。

森下は「よい商品を人々に知らすこと自体が世に益することであるが、さらに進んで、一つ一つの広告そのものが人々に何か役立つようなものでなければならない」という信念のもとに積極的な広告宣伝を展開した。「商店の売り上げの優劣は、その店がどれだけ人に知られているかによって決まる」という趣旨に従い、全社員が宣伝広報員となり、全国に仁丹のPRへと出かけた。

森下仁丹の「金言広告」は筆者も大好きである。「天は人の上に人をつくらず、人の下に人をつくらず」(福沢諭吉)、「堪忍は無事長久の基」(徳川家康)、「勝利は最後の五分にあり」(ナポレオン)など、古今東西の五千種類の金言を電柱広告や看板、紙容器などに取り入れたというから、驚くばかりである。

仁丹のネーミングは、東洋思想の根本を示す儒教の「仁」であり、「丹」は台湾で常用されている薬の名前をヒントに得た。

森下仁丹のロゴは「大礼服」をモチーフにしている。その由来は、外交官なのだそうだ。つまり仁丹は薬の外交官という意味をもつ。

森下の「大衆の健康に奉仕する」に見られるように、日本の名経営者と言われる人物は公への奉仕、貢献といった理念を強く打ち出しそれを実践している。

日比翁助

デパートは公衆の利益を本位とせねばならない。自己本位、個人的利益を目的とするときには、自然の力によって、打倒さるべき運命となるであろう。

日比翁助

三越　中興の祖

ひび・おうすけ／一八六〇年生まれ。わが国に初めてデパートを導入した人物で、デパート業界の名門「三越」の中興の祖として歴史に名を残している。

当時、日比は「米国に行なはるるデパートメントストアの一部を実現致すべく候事」という広告を出した。これが「三越デパートメントストア宣言」と言われるものである。

その頃の小売業は非近代的な商店経営のままで、公益よりも私的利益第一の経営であった。そんな中、日比は「デパートはあくまでも公衆の利益を本位とせねばならない」という経営姿勢のもと、アメリカ式のデパートを日本に導入した。日比は経営革新を図るためデパートの業態を切り替えようと、次の三大方針を打ち出した。

①物の佳良となること
②広告の正直になること
③顧客に満足を与えること

今では常識とされている内容だが、当時としては、「デパートメントストアの成功の三大秘訣」として話題を呼び、三越に続けとデパート創業の動きが盛り上がったという。

日比は、「三越は教育の場」と考える。そして三越は第一に「近代的商人の教育、育成の場であらねばならない」、第二に「社会改善の考えを商売を通して広く世間の人びとに理解してもらう場であろう」、第三に「国民外交の実際を知る場でもあらねばならない」とし、店員教育に特に力を入れた。

下村彦右衛門正啓

義を先にして
利を後にするものは栄え、
利を先にして
義を後にするものは
辱められる。

下村彦右衛門正啓

大丸　創業者

しもむら・ひこえもんしょうけい／一六八八年生まれ。十九歳で京都伏見の生家で大文字屋を開業。行商に力を入れて活動する。大阪に進出して呉服店を開業し今日の礎を築く。

昔から商売をやる者が悩み惑わされるのは、「義」と「利」の心の中での争いである。利益を追わねばならぬことは当然であるが、どこまで義を押し通すか。またお客への利のためにどこまで対応していくことができるかにある。

「お客のためにならぬものは絶対に売ってはならない。世間では目先の事ばかり考えて商いをするものがいるが、そういうやり方はわしは嫌いだ。いかに急ぎの用でもそのために高値をつけてはいけない。また、大金持ちの御用でも、子どものお客でも、お客によって上下をつけることなどしてはいけない」と下村は店員を戒めた。

下村は「義を先にして利を後にするものは栄え、利を先にして義を後にするものは辱められる」(眼前の小利にとらわれるなという戒め)という言葉を商いの根本精神としていた。

そして「先義後利」を大丸の店是に定め、全店に配布した。この「先義後利」の心は、今でも大丸の商訓になっている。

「お客の役に立たないものは売ってはいけないし、いかに人気の高い商品でも高い値段をつけてはいけない」と、下村は常日頃から口がすっぱくなるほど説いていた。

武田長兵衛

智に走るな！
智は〃はかりごと〃を
意味する。
智にのみ走ることは
整合性にもとる。

武田長兵衛
武田薬品工業　元会長

たけだ・ちょうべえ／一九〇五年生まれ。三十八歳の若さで、六代目武田長兵衛を襲名、社長に就任、三十一年間の社長時代に、タケダを世界有数の薬品メーカーに育てあげた。

六代目チョウベーさんは、生まれながらのボンボンで、イギリス留学で身につけたオーソドックスな風格をもつ紳士だったそうだ。そのせいか奇略、奇襲やゲリラ的な発想を嫌ったようだ。「常に堂々たる戦略展開が商売の道である」と説いた。奇襲、奇略で勝つのは戦線の一方面であって、たとえ勝ったとしても、二度、三度の勝利はできないというものだ。

「智仁勇のバランスは、リーダーの最大の資格である」とも教える。智仁勇のバランスのとれたリーダーがいれば、時間の差はあっても、その軍団は一流に育っていくという。この六代目の思想は、たしかに武田薬品が堂々たるトップメーカーになった大きな基盤となっている。一方、社員たちには〝勇猛果敢〟を強調した。「ものごとというものは徹底的にやらんとあかん。また失敗を恐れては何もできん。熟慮したうえ決断する。よし。やってみなはれ!」

以下に武田薬品工業の社是「規《のり》」を紹介しておこう。

社是　「規《のり》」

一、公に向ひ国に奉ずるを第一義とすること

二、相和ぎ力を協《あわ》せ互に忤《さから》はざること

三、深く研鑽に勗《つと》めその業に倦《う》まざること

四、質実を尚《たっと》び虚飾を慎むこと

五、礼節を守り、謙譲を持すること

福原有信

日本人の美と健康を守りたい。

福原有信

資生堂　創業者

ふくはら・ありのぶ／一八四八年生まれ。日本人の健康と美を願い、洋式の薬・化粧品そして食文化（現在の資生堂パーラー）などの新しい時代の発信基地としての資生堂を目指し今日の基礎をつくりあげた。

福原は銀座七丁目あたりに日本初の洋風調剤薬局「資生堂」を開業した。さらに薬局から化粧品、生命保険に活動を拡げ、現在の「資生堂」への飛躍基盤を整備した。福原は「日本人の美と健康を守りたい」と訴え、終生それを追い続けた男である。

当時は漢方薬が主流で中には粗悪なものも出回っていた。福原は「西洋医学に基づく良質な薬品を提供し、人々の健康に尽くしたい」と深く心に誓っていた。

「資生堂」というのは『易経』の「至哉坤元 万物資生、万順承天」からとったといわれる。つまり「地の徳はなんとすぐれているのだろう。万物はここから生まれる」という意味だ。

資生堂は古くから「女性を活用する」ことに力を入れてきた。これは福原が欧米視察で見聞し、先鞭をつけた。女性の活用は新鮮に映り大きな話題となる。女性たちも福原の期待に応えて資生堂の発展に心をくだき頑張ったという。

「淡雪の如く泡立ちて、肌滑らかに薄緑。名もなつかしき資生堂の、たぐひまれなる石鹸は、ほのかに匂ふ春の日の奥山桜のそれなれや」

これは野口雨情の「石鹸小唄」の詩である。大正・昭和の時代に入ってからも資生堂の社名が表れる数々の文芸作品が出ている。このように資生堂は日本を代表するもっとも「華やいだ顔」といえよう。

杉山金太郎

うそをつかなければ
ならないような経営は
心から慎め。

杉山金太郎
豊年製油　中興の祖

すぎやま・きんたろう／一八七五年生まれ。豊年製油は鈴木商店の有力事業であった。経済恐慌の影響を受け銀行の手に渡り、苦境に立った会社を要請により社長を引き受け、立て直した企業家。

「企業の大小の問題ではない。長い間には、たとえ一時逃れとわかっていても、うそをついて、その場をおさめたい時もあるだろう。しかし、それはしょせん、一時しのぎの手段でしかない。いや、そのために、後々になって、思いがけない障害を招くかもしれない。逆に正直でさえあれば、余計な〝つくろい〟をしなくてすむだけでも、いいではないか」

「人間はいつ、いかなる時でもまじめに生きねばならぬ」と杉山は強調し続けている。

「もし駆け引きのない正直な経営が世の中に認められれば、会社の繁栄はまず、間違いなかろう。しかし、その前に経営者自身が正直であるべきだ。そしてだれにも信頼される人物になることである。言うはやすく行うは難しであるが、この信念こそ、経営者の金科玉条とすべきことではないだろうか」

近頃の日本には不誠実な商売がまかり通り、商人の道を踏み外した事業家も時々見受ける。

また才に走り、テクニックを使うのは上手であるが徳のない（不徳な）企業家も多い。杉山の語るように、今日の時代こそ正直商売、信頼経営に引き戻すことが大切である。

駒井茂春

モノが集まらないのは、
あなたの行いが、
まだほんとうに
世の中にお役に
立っていないからです。

駒井茂春

ダスキン　元社長
（創業メンバー）

こまい・しげはる／一九二三年生まれ。鈴木清一とともに今日のダスキンをつくりあげた創業者のひとり。一燈園の西田天香の教えを社内やフランチャイズチェーン店に取り入れた。

ダスキンの創業の二代目であった駒井は、一燈園の西田天香の教えを大切にしていた。

「モノが集まらないのは、あなたの行いが、まだほんとうに世の中にお役に立っていないからです。業績があがらない、利益がでないといって嘆く前に、それを恥ずかしいことと して自覚し、お客様に対するお役立ち方が至らないことを反省してみるべきです。お客様にお役に立ち、喜ばれるようになれば、確実に利益は与えていただけるのです」。西田の教えである。

「追求すべきはお役立ち方であり、喜ばれ方であって、利益はその結果としてもたらされるものです。『儲ける』のではなく『儲かる』ようにすることが大切です」と、社員やフランチャイズのメンバーに駒井は訴え続けた。

「喜びのタネまきとは、基本としてお客様が求めておられるものを、ダスキンが率先して開発し、ご提供することです。お客様が心から喜んでくださり、気が付いてみると、ダスキンも利益を上げさせていただいた。そこでこの利益は、さらに世の中のために役立つよう、人材開発なり、製品開発、技術開発へと、資金を投入すべきことなのです」と、西田天香を師としてダスキンの創業をリードした駒井らしい発言である。

3章

ビジネスマンは商売人であれ

儲ける経営より「儲かる経営」

市村 清

リコー 創業者

いちむら・きよし／一九〇〇年生まれ。高度経済成長期のスター経営者で別名「経営の神様」と言われ、東急の五島昇、ソニーの盛田昭夫はじめ、「市村学校」に通って学んだ上場企業の経営者は数多い。

「事業というものは世間の利益と一致したところに繁栄するものであって、〝儲けてやろう〟という気持ちでやる事業には自ら限界があるものだ。ところが〝世のためにやるのだ〟という精神で道を即してやれば、〝自然に儲かる〟ものであって、その方がむしろ利益は無限である」

「利幅を一割五分に下げても三倍売れれば、利益はその五割増しになるじゃないか。儲けるより儲かる商売をやるべきだと私は思う」

リコーや銀座の三愛をはじめ二百数十社の会社を創業し、いばらの道と虹の道を交互に歩み続けた市村の経験の中からにじみ出てきた言葉である。

「経営者というものは決して一攫千金を夢見てはいけない。僕も昔、リコーの増資の時一部公募を行い、何億という金をタダ同然に得たことがあるが、これが企業の中に金に対する安易な考えをどれほど浸透して毒したかしれない。経営というものは一枚のパンティーを売ってわずかに儲かり利益が累積して成り立っていくものである。起業家は地道な努力を決してわすれてはいけない」

高度経済成長期のスター経営者のこの語録に、私は思わず拍手喝采してしまう。

早川徳次

儲かるときに
あきらめることが
商売の要諦で
「ひと儲けしてやろう」
という欲望が先立つと
何事も完成することができない。

早川徳次

シャープ 創業者

はやかわ・とくじ／一八九三年生まれ。穴をあけずにベルトを締めるバックルを発明、その後、「早川式金属繰り出し鉛筆」、つまりシャープペンシルを発明したことで有名。アイデアで日本初の商品を次々に出し、シャープの基盤をつくる。

「私の周囲には算盤はずれの交際をしていただく方々が多い。儲かるときにあきらめることが商売の要諦で『ひと儲けしてやろう』という欲望が先立つと何事も完成することができない。しかし、平生よく勉強をしていて、ほかでできないようなものを、たった一つ発見するなら、その人は成功するであろう」

早川語録は、その人柄と人生哲学を示している。

「私たちの事業の完成は、個人の野心や、自己満足だけであってはならない。その理念はより高い社会への奉仕と感謝の実行を貫くものでなくてはならない」

早川は涙なくしては語れないような境遇から身を起こし、知恵を絞りシャープペンシルやベルトのバックルを発明し、辛苦の末、シャープを創設している。早川は苦しい時代にいろいろな人々から差し伸べられたあたたかい手のぬくもりを忘れることなく、常に報恩の生涯を送った人間である。

どんな状況の中でも早川は「如来蔵」として生き抜いた。如来蔵とは悪いことずくめで八方塞がりのように思える状況に陥っても、その内部の奥深いところには必ず如来様（つまり善）がおわします、という意味である。

伊藤雅俊

売り上げは、
お客さまからの支持率だ。
利益は仕事の段取りや
効率を示す
モノサシである。

伊藤雅俊
イトーヨーカ堂　創業者

いとう・まさとし／一九二四年生まれ。ヨーカ堂の前身は母と兄が開業した「羊華堂洋品店」である。この店を兄の急死により引き継ぎ、持ち前の知恵で流通革命をリードして今日の基盤を築く。

伊藤は大変な勉強家であったようだ。重要な話になると自分の口を閉ざし、徹底して人の話を聞く。情報収集に徹した人だったようだ。この姿勢で同業他社の経営者の意見のみならず、欧米のトップの話もよく傾聴した。

伊藤は人の話を聞くだけで自分のことは話さないので「伊藤さんは人のことばかり吸収して、自分のことになると口をつぐんでしまう……」と言うまわりの声も多かったが、伊藤は「私には特にお話しするようなことがございませんので……」と語ったという。

伊藤は昭和四十九年、上大岡店(横浜市)を開店したが、店舗内のカラー・コントロールはすべてアメリカの業者にやらせ、設備、器具はアメリカの店を視察してきた内容をフルに活かし、シアーズ・ローバックやJ・C・ペニーなどで使っているものを取り入れたという。

ご承知のようにイトーヨーカ堂は、駅前の一等地には出店しないやり方をとった。意識的に二流の地に、同業他社よりやや大きめな店舗を構えた。

「限られた資本を最大限に活用するためには、一等地より二等地を選んだ方が投資効率がいいんですよね」と伊藤は語る。控えめではあるが常に気鋭の取り組みが見事に成功をリードしたというわけだ。

伊藤次郎左衛門

商い繁盛の秘訣の第一は、なんといっても仕入れにある。そして第二は、誠意をもってお客に接することだ。

伊藤次郎左衛門

松坂屋　始祖

いとう・じろうざえもん／一六〇九年生まれ。「元金掛値なし」の正札販売を貫き、客の喜びを与えることに心をくだき、松坂屋の基盤を作った始祖。

とかく商売というと利益を得ることを第一に考えがちだが、伊藤はまず「困っている人たちに喜んでもらえること」が商売になると考えた。

あの時代に「薄利多売、元金掛値なし」という看板をかかげ、現代のディスカウントショップの経営者たちが考えているような商売のコツを内外に発信した。

まわりの商人たちの商習慣を無視して独自の路線に突進する伊藤に、非難ややっかみの声も多くあったが、当の本人はそんなことはいっこうに気にかけず、率先して商売に精を出した。

特に伊藤は仕入れに力を入れ、店員に任せっぱなしにすることもなく、自分自身も京都にも出かけ、商品を自分の目で確認してから仕入れをしたという。だから「伊藤の店はいい物がある」と絶対の信頼を得るところとなった。

このような努力を重ねた結果、伊藤は「商いの秘訣は、なにに置いてもまずお客さまに喜んでもらうことにある」ことを悟った。

「商売は第一に仕入れに力を入れ、第二は誠心誠意お客さまに接すること」という伊藤の考え方は伊藤家の商いの精神として、代々松坂屋に引き継がれ、今日もなお脈々と息づいている。

服部金太郎

商人は世間より
一歩先に進む必要がある。
但し一歩だけでよい。
何歩も先に進みすぎると
世間と離れ
予言者になってしまう。

服部金太郎
服部時計店　創業者

はっとり・きんたろう
／一八六〇年生まれ。
時計修理技術の修業をして、二十一歳で服部時計店を開業、一介の個人商店から出発し、全国の時計生産の七十パーセントを占める大会社へと発展、わが国の時計産業を大成させた〝時計王〟。

服部は時計王国を築いた男である。常に一歩先んずる経営、しかし片足はしっかり現実を踏まえ地につけていた。輝く目は夢を追い、常に前を向く先見性をもつ。

服部の説く三つの商売条件は、以下の通り。第一に小投資で始められるもの、第二に、将来大いに伸びる見込みのあるもの、第三は、地道にコツコツやって何よりも努力次第で発展できるものである。

また服部はこうも述べている。「すべての商人は、世間よりも一歩先に進む必要がある。但し、一歩だけでよい。何歩も先に進みすぎると、世間にあまり離れて予言者に近くなってしまう」。商人が予言者になってはいけないと語る。

彼は同業者が仲間内で商売している時、すでに外国商館から仕入れを始めた。そしてほかの業者が外国商館取引を始める頃には直接輸入を手がけている。そして次にライバルが輸入を始めた頃には、彼は自分たちの手で時計をつくり始めていた。

「服部さんは危機の時さえも好機に変えてしまった。〝時の利〟を自在に取り組んだ経営者であった」と元日本経済団体連合会（経団連）会長・石坂泰三から賞賛されていたという。

黒田善太郎

商売には、いろいろな「おかげ」というものがあるものだ。商人ならこのことを絶対にわすれてはいけない。

黒田善太郎
コクヨ　創業者

くろだ・ぜんたろう／一八七九年生まれ。帳簿の表紙をつくる仕事を天職として創業。戦争により店も工場もすべて焼失するが復員した社員の呼びかけで廃墟の中から再スタートし、今日のコクヨの基盤をつくる。

「商売には、いろいろな〝おかげ〟というものがあるものだ。商人ならこのことを絶対にわすれてはいけない。天職には貴賤の別はない。人間はこの世にある限り、自らの全力を尽くして天職を全うしなければならない。そのためには人の信を得ることがもっとも大切なことである」

黒田は帳簿の表紙づくりの仕事を〝天職〟と考えたからには、「決していい加減な品物はつくらない。それが客に対する真のサービスである」として、材料一つ選ぶにしても吟味、検討を重ねて真心を込めてつくりあげた。

彼のつくった作品は決して安いものではなかった。しかし黒田は「いい製品は結果として安くなる」という確固たる信念を抱いていた。そして量産を好まず、あくまでも手づくりの高級品を主眼とした。

黒田の会社は創業から約四十年もの間、逆境に次ぐ逆境であった。

しかし彼はそれに決して屈することなく、仕事に情熱を傾けた。それにより黒田の評判は口コミで伝わり、信頼の輪は広がり、同業者の中ではトップの座に駆け上がっていくことになる。

ちなみに、当時の社名のコクヨは「国誉」、つまり〝国のほまれ〟と表していた。

青井忠治

何も宣伝せずとも
お金を作れるのは、
造幣局くらいなものである。
商人ならば、常に腰を低くし
頭を下げることだ。
商売繁盛の秘訣はお客さまに
ご満足いただくことに尽きる。

青井忠治
丸井　創業者

あおい・ちゅうじ／一九〇四年生まれ。富山県高岡から上京し月賦販売店に丁稚奉公に入り、二十六歳の時、暖簾分けをしてもらって家具の月賦販売店を開店し、今日の丸井を築く。

青井は業界の今まで通りのやり方にとらわれることなく、積極的な広告活動を行ったり、一流のブランド品を扱ったりなどして月賦販売店の古いイメージを払拭していった。

当時、「月賦屋さん」といえば主に家具中心に扱っていたが、青井は「よい品をお安く便利に」をモットーに、ラジオや洋服、靴など幅広い商品を取り扱った。そして他社に先がけて現金仕入れをして、顧客のニーズに応えた。

一方、多くのお客様に来店していただくためには便利なところに店舗を設ける必要があるとして、駅のそば、それも中央線沿線に重点的に出店する策を打ち出した。

「商売繁盛の秘訣は、お客さまにご満足をいただくことに尽きる」という青井の信念は高まり、次々に革新を積み重ねていった。

青井は「宣伝なくして金を生むのは造幣局のみ」と語り、創業当初から宣伝広告に力を入れた。ジュラルミンの大きな広告板をつくり、中央線の六十か所の駅に設置して大きな反響を呼んだ。

青井の進取の姿勢は丸井の社員に引き継がれ、今現在も駅のそばで活躍している。

岩波茂雄

人のため必要な品物をなるべく安く提供すれば、人々の必要を充たし、また自分の生活も成り立つ。

岩波茂雄

岩波書店　創業者

いわなみ・しげお／一八八一年生まれ。神田高等女学校の教壇を降りて神田神保町交差点の近くに、古本屋を開いた。この古本屋が実質的な岩波書店の創業となった。

あの岩波書店が創業時は古本屋だったというのには驚きだ。

岩波が開いた古本屋には、「正札販売厳行仕候」「正札高価なれば御注意被下度候」という二つの札を掲げた。つまり、古本の正札販売である。客が「高すぎる」と値切ろうものなら、「正札どおり一銭もお引きできません」、それでも文句を言う客には、「おたくさまにはお売りできませんからほかの店でどうぞお求めください」と突っぱねた。

この商法が意外と客の信用を集め、古本の希少価値を高めた。


岩波は古本屋開店の一年後には出版事業も手掛けはじめた。高校時代のメンバーが、編集あるいは執筆陣に加わるなど、支援してくれた。岩波の誠実な人柄の賜物だろう。

岩波がヒットさせたのは文庫本である。老若男女を問わず、待ち時間や電車の中で簡便に手にすることのできる小冊は、瞬く間に日本中に普及していった。

古本屋からスタートして今日を築いた岩波の功績をよく表す言葉である。

和田哲夫

損して徳とれ
利は源にあり
商いは人気なり

和田哲夫

和田哲商店　創業者

わだ・てつお／一八九三年生まれ。日本的商道の原点となっている「船場商法」の最後の商人。孫娘婿・亮介に船場の商法を命を削って語り継いだ。

最後の船場商人と言われた〝ワダテツ〟は、その商売の神髄を孫娘の婿である和田亮介に熱心に語り伝えたという。筆者が主催する日本経営道協会での講演に和田亮介を何度かお招きして伺った中から、心に残ったものを紹介する。

船場商法の代表的なものに「扇子商法」というものがある。

扇子は暑い時にはいっぱいに開いて使うが、使わない時には小さくたたんでおく。経営もこれと同じで、景気の良い時は広げ、悪い時には縮めるというわけだ。

攻めより退き戦の方が何倍も難しいと船場商法は説いている。常にピントを「長期的管理」や「ノレンを守ること」にあわせて、「人を増やさない」「借金しない」「無駄しない」。つまり船場商人は普段は扇子を閉めておくというわけだ。

「船場商法の寸言半句」

一、損して徳とれ
二、利は源にあり
三、始末とはモノを活かしてつかうこと
四、利は努力の結果
五、金は返借に節あり
六、人少なきところ才覚育つ
七、商いは人気なり

黒川光朝

老舗の経営とは
鎖がつづいているといわれるが、
私も鎖の一環で、
この鎖がはずれないように、
次の鎖をまたしっかりと
つながなければならない。
鎖がつづいていくところに、
老舗というものの生命がある。

黒川光朝
虎屋　十六代目社長

くろかわ・みつとも／一九一八年生まれ。祖父の芸術的な血脈と両親の温かい庇護、そして豊かな財力を背景に、老舗の御曹司として育つ。酸いも甘いも噛み分けたユニークな「語録」を持つ人物。

ここに黒川の書いた『菓子家のざれ言』より彼の言葉を紹介しよう。虎屋十六代目の「趣味と道楽論」らしくておもしろい。

「『趣味と道楽』との違いはどこにあるのだろうか。趣味といえないこともないが、本当の趣味かどうか疑わしいものがある。たとえば、酒を飲み歩くこと、うまい料理を食うこと、女の子と遊ぶこと、お洒落をすること、余計なものを買うこと、等々まだあるが、要するに、自分のできる範囲、つまり、時間的にも金銭的にも体力的にも才能的にも——を超えて、趣味と称して前後左右の見境もなしにやるのを道楽と思う。自分の枠を超え、無理して趣味といっているところに道楽が生ずると私は考える。(中略)

道楽はその結果がたまには〝芸は身を助く〟〝道楽のおかげ〟とか、消極的に後ろ向きに多少の効用がないではないか、これはすべて、時間、金銭、体力などの消耗の結果から出るもので、逆に趣味とは前向きの積極的な向上への自分自身の糧となるものでなくてはならない」

鎖となりまた鎖をつなげるためには、「趣味と道楽」のゆとりがなければならないというわけだ。

山崎峯次郎

商いとはほかでもない、
ねばりである。
ねばりを忘れては
儲けることなぞできないし、
商いそのものが成り立たない。

山崎峯次郎
エスビー食品　創業者

やまざき・みねじろう／一九〇三年生まれ。子どもたちの大好きなカレーを苦心に苦心を重ね、日本で初めてカレー粉の国産化、大衆化をなし遂げたカレーの神様である。

山崎は生まれて初めてカレーライスというものを口にして、あまりのおいしさにすっかりとりこになった。当時、カレーライスといえば大変な高級料理であった。料理店に行くと、カレー粉はすべて外国からの輸入物だったので値段が高く、庶民の口にはなかなか入らなかったのだ。

「こんなおいしいものを一部の人だけが食べているのではもったいない。なんとしてでも多くの人に食べてもらいたいものだ。そのためには輸入品ではなく、自分の手でつくってみなければ……」

山崎はおいしいカレー粉のつくり方を一生懸命に考え続けたわけだ。

カレー粉の微妙なおいしさはどこにあるのか、原料はなんであるのか全く見当もつかない状態だったが「人々の豊かさと健やかさのために、味の全てを生み出す」という信念のもと努力を重ね見事にカレー粉の調合に成功した。

創業以来、山崎は〝美味求真〟を口ぐせにし、本物をつくって人々に提供するためには、いかなる妥協も許さなかった。この精神は今もエスビーに息づいている。

中部幾次郎

シケの時こそ
イカリを巻け。
奉仕と献身によって
自らの利をなせ。

中部幾次郎

大洋漁業（現マルハニチロ）創業者

なかべ・いくじろう／一八六六年生まれ。マルハのマークでおなじみの林兼商店からスタートし、マグロなどを満載にし魚市場に運び、豪胆な気質と勇敢さで今日のマルハニチロの礎をつくった。

「シケの時にイカリをおろすのは当たり前のことだ。しかしそれでは商売にならん。シケの時にこそイカリを巻いて出ていくことだ。高く買って安く売ることこそ商いの極意というものだ。奉仕と献身によって自ら利をなす」と中部は語る。

普通の漁師ならシケの時には港に船をつなげ、シケがおさまるのを待ってからイカリを巻きあげて出港する。しかし中部はそんな常識的なことに甘んじてはいなかった。人が手をこまねいている時こそ飛躍のチャンスであるとし、「シケのあるうちにイカリを巻いて出港すべきだ」と訴えた。

海がシケている時は危険が伴う。しかし、シケがおさまってからでは遅い。人が避けている時こそ、チャンスだというわけだ。

こうした危険を恐れることなく、果敢に仕事へ挑戦してきた中部のフロンティア・スピリットが残る社訓を紹介しておこう。

一、企業とは何よりも人にある。
一、人は創意と進歩に生きる。
一、業は周知に企画し果敢に実行する。
一、誠実と公正により自ら和をなす。
一、奉仕と献身により自ら利をなす。

4章

人がやらないコトをする

小さな池に大きな魚を。

鈴木哲夫

HOYA　元社長

すずき・てつお／一九二四年生まれ。大学卒業後町工場の社長になる。しかし不況の波をモロにかぶり四十二歳で閑職に退くが、再び社長に返り咲き、現在のHOYAの基盤をつくりあげる。

鈴木哲夫

「小さな池に大きな魚を」とわかりやすい言葉でマーケットシェアを意識した戦略を展開し、町工場から世界のＨＯＹＡにリードした理論派経営者である。鈴木は筆者と山城章先生（故人・一橋大学名誉教授）が主催した「経営道フォーラム」の発起人の一人であったことから、筆者も頻繁に訪問し、フォーラム運営の指導をいただいた。

鈴木は当時から「企業価値創造経営」を強調し、「経営とは本来、企業価値を生み出していくものである。〝企業は株主のもの〟であり、経営者は株主から委託を受けて事業を展開しているわけであるから、自分の会社の『企業価値』を高めて株主に利益を還元していかねばならない」と語っていた。

「企業価値を高めるには自社の強みを活かす中核事業やコア・コンピタンスに集中し、あまり将来性がない事業、収益性が低い事業は整理していく戦略が必要になってくる。つまり『選択と集中』の経営に真正面から取り組み、自社の事業構造を再構築することである」と述べ、自社の強味の商品に集中してその領域でのナンバーワンになろうとした。つまり「ニッチナンバーワン戦略」であり、これが彼のいうところの「小さな池に大きな魚を」＝狭い領域で大きなシェアを獲得せよ、ということだ。

岡田卓也

大黒柱に車をつけよ。

岡田卓也

ジャスコ（現イオン）
創業者

おかだ・たくや／一九二五年生まれ。三重県四日市市の衣料品店の岡田屋の息子であったが経営の連邦制を考え出し、合併によるジャスコの拡大を図る。流通網の改革を行い今日のイオングループの基礎をつくる。

岡田が力を入れていた「ジャスコ大学」の講師として筆者は長い間かかわった。岡田が小売業の地位を高めるためには人材育成しかないとして力を入れた大学である。

経営幹部の研修に岡田は必ず出席して強い口調で自己の想いを訴えていた。

「がっちりと家を支えている大黒柱というものは動かしてはいけないものである。しかし、いつでも家を動かせるようにしておくことこそ肝心だ。立地条件に恵まれているところ、発展性のある場所があったら、迷わずにその場所に店舗を移すべきである」という趣旨のものであった。

岡田の生家は三重県四日市にあった衣料販売の「岡田屋」だ。この岡田屋の家訓が「大黒柱に車をつけよ」であった。父は家訓に従い岡田屋を二度も移転し、そのたびに店は伸びた。この姿を見て岡田は「環境の移り変わりや社会のニーズを的確にとらえて、それに素早く対応していくことが企業の発展を導くカギである」と考えていた。

イオン（ジャスコ）が新幹線の佐久平の駅前にショッピングセンターを出店した時、筆者は各ショップの店長研修を担当したが責任者方は岡田の精神に基づき、「店ごとの特性を生かし、地域になじんだ店づくり」に力を入れていた。筆者もその考え方に沿って店長研修を進めたものである。

鬼塚喜八郎

堅い板に穴をあけるとき、
鉄の棒でやってもあかないが、
キリでなら簡単に穴があく。
「一点集中、しぼり込み作戦」こそが
われわれ中小企業の戦略である。

鬼塚喜八郎

アシックス　創業者

おにつか・きはちろう／一九一八年生まれ。スポーツ用品の総合メーカー、アシックスを創業し、「一点集中、しぼり込み作戦」の弱者の戦略を一貫して追求し、〝世界のアシックス〟に育てあげた。

競争が激しい時代、他社に負けない専門力をもっていない企業は変化の波に呑み込まれてしまう。競争が厳しい時代であればこそ独自の技術、独創的な商品、他社に負けない販売ルートがないと生き残ることはできない。

「中小企業はもてる力が小さい。だから一つの目標をはっきりさせ、それに向かって徹底して追求していく以外に大企業に勝てない」

鬼塚はこうした考えを創業以来、実践し続けている。昭和二十四年、たった四名の社員でバスケットシューズの生産、販売から始めた。

一心にバスケットシューズの改良、品質や機能を追求し、その販売に心を砕き続けた。他に眼も心もいかない。

彼は「一点集中、しぼり込み作戦こそが弱者の戦略である」という考えを実証したわけである。

鬼塚は、このあと同じ戦法でマラソンシューズに挑戦して成功した。そして一つの商品分野でトップの座を手に入れるとまた次の商品で同じやり方で一点集中し、トップになる。これを繰り返し、アシックスはスポーツシューズの総合メーカーへと発展してきたのである。

藤田

みんながだめだと言うから、
成功する。
みんなが、いいとか、
やりなさいと言ったら
成功はおぼつかない。
それだけ競争が多いからだ。

藤田 田

日本マクドナルド
創業者

ふじた・でん／一九二六年生まれ。ハンバーガーという新しく安価なものを、老舗で高級イメージの三越銀座店にて一号店をオープンしたマクドナルドビジネスの仕掛人である。

藤田は皆の反対を押し切ってマクドナルドに取り組み、次のように語った。

「毎日百万人近くの赤ん坊が生まれてくる。彼らは醤油も味噌も知らんのですよ。あの子どもたちは小さなころからポテトをかじり、ハンバーガーを食っている。あの子どもたちはもうスシとかウドンとかに帰らないですよね。だからパイは同じだけど、人口の構成比率はハンバーガー人口がどんどん増えていくわけです。だから前途洋々だと私は言っているんです」

当時マクドナルドのポリシーは「QSC&V」であるとしていた。Qは品質、Sはサービス、Cは清潔、Vは価値である。

マクドナルドの経営は最初からすべて科学的、統計的な実数値によって行われた。単純化、標準化、専門化を徹底してやったからこそ〝ハンバーガー店〟が大企業になったのである。

例えばキッチン内通路幅〇・六〜一・二メートル、時間当たり売上高十五万円の基準の厨房機器システム、カウンターの高さ九十二センチ、パンの厚さ十七ミリなど当時からまるで生産工場のような計算しつくされたシステムである。アルバイト中心でも大企業となっていったマクドナルドの秘密が理解できるだろう。

堀江幸夫

世界にない新商品を創れば必ず大ヒットする。市場性のある、品質のいいアイデア商品をつくれ。

堀江幸夫
ぺんてる　創業者

ほりえ・ゆきお／一九一一年生まれ。総合文具メーカー・ぺんてるを中堅企業ながらソニー、ホンダ、トヨタと並ぶ世界的知名度にまで押し上げた仕掛け人。

「世界にない新商品を創れば必ず大ヒットする。世界中でいっぺんに売れてしまう」。これは、堀江が商品開発の在り方について語ったものである。

ぺんてるは、数々の世界的大ヒットを生み出している。その一つが、「ぺんてるサインペン」である。アメリカのアポロ計画で採用されて以降、世界中を駆けめぐった大ヒット商品である。

「よくアメリカにもあるものをまねるやり方をする人がいるが、これではだめだ。これは日本でしか売れないから世界商品になり得ない。世界商品はまずアメリカで売れ、次にヨーロッパで売れ、そしてヨーロッパで売れ出したら日本で売れだすというのが普通なのである」

「ぺんてるは、世界中にない、しかも市場性のある、品質のいい、アイデアのある商品をつくるという考えで新商品の開発を進めている。だから世界中でいっぺんに売れてしまう」

ぺんてるは中堅企業ながら世界二十数ヵ国に拠点を持ち、各国々の人たちが、ぺんてるは自分の国の会社と思い込んでいる人が多いというから驚きだ。ぺんてるはそれだけ各国に食い込み、〝世界の名品〟の評価を不動のものにしているというわけだ。

永谷嘉男

他社と同じものを作って
いたのでは売れるはずはない。
からだの中には
新しいものを開発する血潮が
激しく流れている。
この創造力を駆使して
商売に打ち込んでやろう。

永谷嘉男

永谷園本舗　創業者

ながたに・よしお／一九二三年生まれ。ルーツである二百数十年前の宗七郎（始祖）は京都の宇治で緑茶の製法を日本で初めて手掛けた男である。十代目の嘉男にはその血潮が激しく流れており今日の永谷園のベースをつくった。

永谷嘉男は〝創造〟という言葉が大好きである。創造する力がなくなったら会社はだめになる。まず自分自身が創造人になろうとした。また社員に対してはいつも「創造人たれ」と説いて歩いた。

永谷は創造人の育成のため自ら陣頭指揮をとり、リードし続けた。こうした前向きな創造姿勢は社員の中に浸透し、永谷園は企業ぐるみで創造力を伸ばしていく。

永谷は、「ぶらぶら社員制度」というユニークな制度を打ち出した。「ぶらぶら社員制度」とは開発力のある優秀な社員を通常の業務からはずし、一年間自由に活動させて、ブラブラする中から新しい商品のアイデアを出させようとしたものだ。

「お金は出すから、日本はもちろん海外にまで出かけていいので、沢山おいしいものを食べてこい」というものだ。

ぶらぶら社員に任命された人間は大変だ。すべて自分で計画を立て、うまいものを食べ歩き、そこから新しいヒントをつかみ、消費者に喜ばれる新製品を開発していかねばならない。

この制度は当時としては大ヒットで、永谷園らしい製品を次々に生み出した。これもまた創造人・永谷嘉男らしいやり方であり、世の中の話題をさらったものである。

江副浩正

人と同じことをやっても
まったく無意味だ。
人のやらないことをやるべきだ。
そして人が欲しくても
手に入れることが
できないものを売ったら
必ず成功する。

江副浩正
リクルート　創業者

えぞえ・ひろまさ／一九三六年生まれ。東大新聞のアルバイトをやりながらひらめいた学生募集の広告があたり、今日のリクルートのシステムをつくり上げた。

江副は東京大学教育学部の時、東大新聞の広告集めのアルバイトをしていた。

ある日「東大新聞」に、商社である丸紅が出した「進取の精神に富んだ若人を募集します」という広告を見て江副は目を輝かせた。

「うむ、これだ。求人広告は学生にも喜ばれるので、大手企業がどんどん広告を出稿してくれるはずだ」と考え、江副は有力企業の人事課を回って広告獲得を進めた。

大手企業は競って大きなスペースを割いて求人広告を出してくれたので、続いていた「東大新聞」の赤字も次第に解消された。

江副は昭和三十年に「大学新聞広告社」をつくった。東大だけでなく、一橋大、早稲田、慶応などの有力大学が発行している大学新聞の広告代理店である。有力企業は先を争って優秀な人材を獲得しようと、大学新聞に広告を出した。

進取の姿勢に富んだ江副は『企業への招待』という自社媒体を創刊。これが『リクルートブック』となり今日に及んでいる。

これにより企業側は幅広い範囲から人材の採用が可能になったし、学生側は多数の企業の中から自分に適した企業のセレクトができるようになった。こうしたことから、急成長につながっていった。江副のアイデアがなしえた技である。

御手洗毅

収入のためだけに売る。そんな心根では世界一を達成できない。よその真似ができないものをつくれ。

御手洗 毅

キヤノン 創業者

みたらい・たけし／一九〇一年生まれ。「青年よ大志を抱け」と語ったクラーク博士の理念を背負った青年医師は、精機光学工業に手を貸すことになり、打倒ライカを旗印に〝世界のキヤノン〟への道をひたすら走った。

「日本にはアメリカが舌を巻いた知恵があります。材料が少なくてすむカメラは日本にはうってつけです。ここで我々は歯を食いしばって研究努力を重ねていけば立派なカメラで必ずや世界を制覇する日がまいります」

医師であった御手洗は東京の日赤病院で働いていた時、これからの企業のあり方を考えた。

「日本にはすでに立派な軍艦があり紡績は世界に雄飛しようとしている。しかし精密工業が日本にはない。これでは世界に遅れをとることになるぞ」

御手洗はこれからは精密工業だと主張する。そして試作したカメラには信心する〝観音〟にあやかってＫＷＡＮＯＮと入れた。

戦後、医師をやめ社長専業となった御手洗は訴える。

「キヤノンはライカに追いつけ追い越せ。世界が念願だ。その会社が厳しい規格を通らない製品を、ただ収入のためだけに売る。長持ちはしないものをつくる、そんな心根では世界一を達成できない。よその真似ができない世界のものをつくれ」

間もなくキヤノンは世界に三大発明の一つと騒がれた〝夢のカメラ〟を商品化し、世界中で高く評価を受けるのである。

安藤百福

即席めんは国民の
伝統的な食生活をタテ糸とし、
現代の欲求をヨコ糸に
織り込んだものである。
生活必需品として愛される
理由は、糸の織り込みの
正しさと強さにある。

安藤百福

日清食品　創業者

あんどう・ももふく／一九一〇年生まれ。わが国で初めてのインスタントラーメンを発明した男。昭和三十三年から十五年間に世界の約八十ヵ国で五十一億五千万食を売る。このラーメンの数は地球を十二周もするというから驚く。

「食は文化の原点である。とすれば外国の食生活に慣れ切ってしまえば、その民族の精神をも失うことになる。東洋には麺という伝統がある。私が麺に執着するのは、そのせいでもある」

「おふくろの味は忘れ難いものであるが、他人が食べて必ずおいしいとは限らない。おふくろの味は母と子の愛と信頼で結ばれた味覚である。まさに、味は通じるもののみに輝くのである」

ある日、安藤は奥さんが天ぷらを揚げるのを見ていた。高温の油でパリッと揚げられた小麦粉の〝ころも〟は時間が経つと水分を吸って軟らかくなる。このことからヒントを得て、「油熱乾燥法」という、世界初の即席めん商品化のアイデアを思い立つ。「チキンラーメン」を開発して発売した昭和三十三年のことである。安藤が戦後間もない頃に設立したままになっていたサンシー殖産という会社を、「日清製品」と商号変更し今日に至っている。

安藤が語る工業化のための五条件を以下に紹介しよう。

①おいしいこと
②保存性があること
③便利であること
④安価であること
⑤安全であること

茅野亮

店は顧客のためにあるが、
お客様のニーズは
絶えず変化している。
この変化にスピーディーに対応し、
どれだけ満足を提供
できるかを考え続け、
創造していかなければならない。

茅野 亮

すかいらーく 創業者

ちの・たすく／一九三四年生まれ。長野県で十年間も農業をしていたが「納得のいく仕事をしてこそ生きがいというものだ」との志から上京して成功した、立志の企業家。

茅野は長野県で十年間続けた農業をやめ東京に出て食品スーパーを設立し、多摩地区に六店舗まで展開した。しかし、流通革命が始まって、大手のスーパーが次々に出店してきてすぐさまピンチに立たされた。

「これではとても生き残れない」と判断し、茅野は、時流にうまく乗り換えようと外食産業に進出した。

「アメリカでたいへんな伸びをみせているが、近い将来日本にも必ずブームがやって来るにちがいない。フードサービスこそ、自分にとって最も納得のいく仕事ではなかろうか」。茅野はこう決断し、フードサービス事業一本に絞った。

すかいらーくは、郊外型ファミリーレストランを狙った。アメリカ流に、主要な道路に沿ったところに駐車場を備えた店舗をもち、当時では画期的なものだった。

「お客さまには、テーブルの後片付けがきれいに済んでから、席まで案内する」「こみ合ってきても相席させない」というサービスを徹底したが、これも当時としては新鮮なものだった。

「二つの『ありがとう』の心が出会う場所。それが、すかいらーくだ」。これは、茅野の語る商売の信条である。

盛田昭夫

消費者がどんな製品を
望んでいるか調査して、
それに合わせて
製品を作るのでなく、
新しい製品を作ることによって
彼らをリードすることにある。

盛田昭夫
ソニー　創業者

もりた・あきお／一九二一年生まれ。戦後の日本繁盛を象徴するソニーの独創的な商品開発と海外展開をリードし、「国際派ナンバーワン経営者」と言われた。井深大の創業時からのベストパートナー。

「わが社のポリシーは消費者がどんな製品を望んでいるか調査して、それに合わせて製品を作るのではなく、新しい製品を作ることによって彼らをリードすることにあり、だから我々は市場調査などにあまり労力を費やさず、新しい製品とその用途について、あらゆる可能性を検討し、消費者とのコミュニケーションを通じて、そのことを教え、市場を開拓していく」と述べている。

「我々のビジネスに対する基本的態度は、何か新しいテクノロジーを開発したら、とにかくすぐに、それで何か作りたいと考えるところにある。発明や発見は、ただ感心したり、それを学問上の成果とだけ考えて終わってしまったら、それは誰にも利益をもたらさない」。盛田は、研究開発だけで会社が繁盛することはありえない、大切なことは、発明したものをビジネスに結びつけることなのであると繰り返し述べている。

盛田は、創業時の理念をより洗練させ、次のような「ソニースピリット」をつくりあげた。

「ソニーは開拓者、その窓はいつも未知の世界に向かって開かれている。人のやらないこと、困難であるがために人が避けて通る仕事にソニーは勇敢に取り組み、それを企業化していく。ここでは新しい製品の開発と、この生産販売のすべてにわたって、創造的な活動が要求され、期待され、約束されている。そして開拓者ソニーは、限りなく人を生かし、人を信じ、その能力を絶えず開拓して、前進していくことをただ一つの生命としているのである」

樫尾忠雄

どういう商品をつくり出せば
多くの人に喜んでもらえるか
儲かる商品を考える前に、
社会への貢献を考えよ。
そして新しいマーケットを
創造できるような
商品を開発することである。

樫尾忠雄
カシオ計算機　創業者

かしお・ただお／一九一七年生まれ。他社に先駆けて、電卓、デジタルウォッチ、ポケットテレビ等々、大ヒットになる商品を次々に開発して今日のカシオの開発風土をつくりあげた。

昭和二十一年、日本が敗戦のどん底にあえぐ中、樫尾は東京・三鷹市で創業する。精密機械の下請けをしていたが、不運にもやってきた不況風に打ちのめされてしまう。そんな時、樫尾の姿を見かねた三人の弟が「自分たちも手伝いたい」と申し出て、兄弟で力を合わせて開発に心をそそいでいく。

「これからの時代は、大企業に負けない全く新しいトップ商品を開発しなければ生きてゆけない。それなら、いっそのこと思いきって〝奇想天外な商品〟をつくろう」と兄弟で誓い合う。

「まだ日本でだれもつくっていない、人から喜ばれ、かつ将来性のあるまったく新しい計算機の開発に挑戦しよう」と志を立て前進したものの、いざ研究開発を始めてみると、予想をはるかに超えた難事業であった。

十分な資金も開発設備もなく、試行錯誤の年月が続いた。そしてついに第一号の商品開発にこぎつける。それはあの有名な画期的なリレー式計算機であった。

兄弟で力を合わせ、苦難の山々を越えてきたカシオは今では計算機のみならず、さまざまな電子辞典などを開発進化させ、世界の人々の生活文化に貢献する輝く企業に成長している。

蟹江一太郎

これからの農業は
生産ばかりじゃいかん。
経営や販売の面も
兼ね備えた
新農業経営方式で
いくべきだ。

蟹江一太郎
カゴメ　創業者

かにえ・いちたろう／一八七五年生まれ。愛知県知多半島の一隅で日本で初めて真っ赤なトマト栽培に生命を燃やし、のちに〝トマト王〟と称されたカゴメの創業者。

「この真っ赤に熟れたトマトが食卓に供せられたら、どんなに食事が楽しく、おいしいかしれない。きっと欧米人のように日本人も喜んで食べるときがやってくるはずだ」

蟹江はトマトの無限の可能性を確信し、トマト栽培を始めたのである。当時日本人はトマトになじみがなく、口に入れた瞬間いやな顔つきをする者が多かった。

「これではいかん。生のトマトがだめなら加工して食卓にのぼらせてみよう」

蟹江は、まずトマトの栽培の仕方を教えてもらい、農林省の技師からも聞き出した。必要だと思ったら、その道の権威者に積極的にアタックしたのである。

そして、とうとう自分の手で育てたトマトを加工して、トマトソースやケチャップを開発して世に送り出した。今でこそアグリビジネスの必要が叫ばれているが、あの時代に、ただ生産だけでなく加工から販売面をも取り入れた農業経営方式を導入・推進したのには驚く。

蟹江は酪農家を一軒一軒訪ね回って、トマトの試作を依頼した。「とれたものはすべて買い取ります。もし失敗したら補償もしましょう」と言うので、酪農家はみな納得し協力した。蟹江の志に向かって歩む熱心さに感心してしまったというわけである。

小倉昌男

同じ量を運べば、小口は大口の三、四倍もの収入になる。大量の小口を集めて、スケールメリット（規模の利益）を追求すれば必ず成功するはずだ。

小倉昌男

ヤマト運輸　創業者

おぐら・まさお／一九二四年生まれ。皆が「絶対に採算が合わないからやめろ」と言った宅配便事業をやりぬき、私たちの便利さを実現してくれた宅配便の生みの親。

小倉が最初に小口荷物の取り扱いを考えたのは、昭和四十八年の第一次石油ショックの時であった。小倉はアメリカのUPS（ユナイテッド・パーセル・サービス）という運送会社が小荷物で急成長していることを実際に見て研究していた。

「当社はこのままでは駄目になる。小口荷物に進出しよう」と取締役会で唱えたが、他の役員は全員が猛反対。「小さな車で路地裏まで小口荷物を一つ一つ配達したのでは労多くして利は少ない」というのである。

当時のヤマトはデパートなど安定した大口から大量の受注をしており、そのほうが効率がよいとだれしもが言う。小口配達となると荷主は不特定多数で零細だからだ。

しかし大口荷主は大量をかさに着て値切りに値切る。それに比べて家庭の主婦は、規定料金が何百円になっているといえば値切ることはしない。小口は三〜四倍の収入になるというのが小倉の主張だった。

多くの人が、とても事業として成り立つとは思わないと語った宅配便事業である。無謀ともいえた小倉の挑戦のおかげで私たちは今、毎日の生活を便利に幸せに導いてもらっている。

樋口俊夫

ただ安いというだけ
ではいけない。
安いというイメージを
多くの人に与えながら、
いかに経営効率を高めて
いくかがポイントになる。

樋口俊夫

ヒグチ産業　創業者

ひぐち・としお／一九二五年生まれ。白衣を着て「目標四百二十七店」というテレビコマーシャルで有名となり、薬品業界に風を起こしたユニーク社長。

「どうせ商いをやるなら、どでかいことをやってやろう。それも人のやらないこと、やれないことに挑戦してみよう」

薬ヒグチの特徴というと、ビッグストアが大型店舗にチェーン展開を進めるのに対し、三十平方メートル前後というミニ店舗のチェーン化作戦をとった。

そして「目標四百二十七店！」といったスローガンを社長自ら白衣姿で画面に出てテレビＣＭで威勢よくぶち上げた。長期経営目標を売上高より店舗数に置いたわけである。

当時の薬品業界は、メーカーの圧力が強く、薬局・薬店は頭が上がらない時代だった。「メーカーに流通市場をがっちりとおさえられていては、一般へのサービスもできない……なんといっても薬局を経営していくメリットがない。だれもやらないのなら、自分の手でやってやろう」と考えた。

なぜ「四百二十七店舗」かというと当時全国の薬局は約四万二千七百あったので、その一パーセントの四百二十七店を達成すれば価格決定権が得られると考えたようだ。

一般の消費者からは喜ばれたが、業界からは「ヒグチの乱売屋」と呼ばれ妨害も受けた。しかし、樋口は怯むことなく「初志貫徹」の快進撃を続けた。

5章

人を活かし
自分を生かす

吉田忠雄

企業を森林とみるならば、
社員は一本一本の樹木である。
各々の樹木が自らの力で
生きていこうと努力すれば、
森林全体が生気に満ちあふれて
隆盛を迎える。

吉田忠雄
吉田工業（現ＹＫＫ）
創業者

よしだ・ただお／一九〇八年生まれ。ファスナーの国内のシェア（市場占有率）は一時九十数パーセント。世界のシェアも四十数パーセントまで伸ばした実績を持つ、名実ともに世界企業の王道を歩いた創業者。

吉田は幼い頃から大変な勉強家で、偉人伝が大好きであったという。

吉田は、その中でもカーネギー伝が気に入っていて「他人の利益をはからなかったら自らは栄えない」という言葉に感動する。

経営者になってからもこの言葉を大事にして、〝善の循環〞を訴え続けた。吉田は企業と社員の関係として打ち出した。

〝森林集団〞というのがそれだ。

社員一人一人がおさえつけられて、管理・コントロールされていたのでは組織は硬直化してしまう。社員個々が自律性をもち自己管理することで、組織は柔軟な動きが生まれ生産性が向上し、組織活動が活発化してくるというわけだ。

吉田の考えた〝森林集団〞の理念はその後、さまざまな人事面に特に反映されるようになる。

当時ＹＫＫには〝青空役員会〞というものがあった。この席上ではたとえフレッシュマンでも、遠慮なく会社のトップとオープンに話し合うことができたという。

また、「企業自体も社会の中では一樹木である、皆でがんばって社会の繁栄に貢献しよう」と吉田は訴えた。

企業家精神にあふれる社員がいっぱいいる会社は伸びる。
企業家精神とは何か。
ひらたくいえば、
自分の勤めている会社を
〝自分の会社〟と思えることだ。

小泉一兵衛

東天紅　創業者

こいずみ・いちべえ／一九二〇年生まれ。アブアブ赤札堂、東天紅など小泉グループの創始者。米国のマネジメントやマーケティングを学び、自社のみならず流通業界にそれを持ち込んだ。

小泉一兵衛

小泉は三十六歳の時、アメリカでＮＣＲの国際セミナー・ＭＭＭを受講し、帰国した時は「商店主」からすっかり「経営者」に変わっていた。

アメリカの実情を細部にわたり研究して、それをヒントに本格的な中国料理店「東天紅」を創業した。

小泉は、「異業種複合経営」というものを考え出し、三十数社の企業グループを結成し、「宇宙衛星型経営」という小泉グループ流の経営スタイルをスタートさせた。

それは小泉の社長室が基地となって、衛星ともいえる各社に常に助言を送り、独立採算制を確立させようというシステムである。

小泉はこのような卓越した手腕で、各社を軌道にのせ、「流通業界に小泉あり」と言われるまでとなる。

そんなある日、小泉は企業再建の名人に出会い「企業がつぶれる条件は何か」と問う。

すると、その名人は「企業倒産の原因は、放漫経営とか過大設備投資などいろいろあるが、それは表面的なものであって、それ以上に、社員が〝この会社は私の会社だ〟という意識のないものはつぶれている」と答えた。小泉はそれ以来、社員の前にこの言葉を示し続けたという。

川上嘉市

協力一致して
優良会社に仕上げ、
われわれが将来、
この会社の社員であることが
自らの誇りとなるようにしたい。

川上嘉市

日本楽器製造（現ヤマハ）
創業者

かわかみ・かいち／一八八五年生まれ。川上はヤマハの三代目社長であるが、総合メーカーとしての世界のヤマハを確立したという意味において、実質創業者と見なされている。

川上は住友電工を経て、四十二歳のとき、請われて日本楽器製造社長に就任した。倒産寸前の日本楽器製造に飛び込むことは「火の中へ薪を背負っていくに等しい」と友人からは反対される。しかし彼は東大卒業時に自ら課した次のような信念に従ってあえて困難な道を選んだ。
一、正義をあくまで貫き通すこと
一、自ら世の塩となること
一、義務を通じて国家社会に貢献すること
一、自己を完成するとともに後進の人生の発展を助けること
一、日本の文化水準を引き上げること
一、社会的経綸をもつこと
「日本楽器の仕事は単に営利だけのものではない。浜松や静岡県の特殊産業として、国家的にもなくてはならぬ事業である。私は地元出身の人間として、我が身を犠牲にしても再建を引き受ける」と語っている。

筆者は、川上の息子・源一が初代社長となったヤマハ発動機のコンサルタントで浜松に通ったが、地元の発展のために「さあやらまいか」を合言葉に頑張ろうとする社員の力強い働きの中に、川上の残したヤマハスピリットを肌で感じたものである。

小菅丹治

主人と使用人は分け隔てなく
同じものを食べることだ。
また店員に失敗があっても、
ガミガミと叱ったりせず、
できるだけにこやかに
していることだ。

小菅丹治
伊勢丹　創業者

こすげ・たんじ／一八五九年生まれ。伊勢丹の代々の経営者は小菅丹治の名を継承している。ここに紹介する初代は店祖と呼ばれている「伊勢屋丹治呉服店」を創業した。

神奈川県の農家の次男に生まれた小菅は、十三歳で東京の湯島天神近くにあった呉服店「伊勢庄」に奉公に上がった。厳しく苦しい修業が続くが、丹治は歯を食いしばって耐え、二十八歳で独立、神田明神下に小さな「伊勢屋丹治呉服店」を開いた。

丹治は店員とともに汗みどろになって働いた。また、店員にはいつもやさしい思いやりをかけていた。

日々の食事は、ほかの店では最初に主人が食べ、その次に番頭、手代《てだい》、丁稚《でっち》といった具合に順番が決まっていたが、丹治の店ではみんなが一緒に、なごやかに談笑しながら食べた。しかも主人も使用人も、全く同じものを食べた。

また店員が、一生懸命やって失敗したことなら、いろいろと話して聞かせるが、決して叱ったりはしなかった。企業が伸びるか否かは、いかに人を大切にするかどうかにかかっていると丹治は語っていた。

伊勢丹の人事管理の基本は〝人間尊重〟にある。これは初代小菅丹治が創業時につくりあげたものである。伊勢丹は今でも人間を大切にし、働きやすい職場をつくりあげるという考え方が継承されている。

塚本幸一

「相互関係を貫く」
人間が人間を使うことは
根本的にはできない。
相互信頼における
協力関係があるだけである。

塚本幸一
ワコール　創業者

つかもと・こういち／一九二〇年生まれ。百貨店の友人が持ち込んだブラ・パットをヒントにブラジャーの開発・研究に取り組み、女性の下着文化をリードした。京都商工会議所会頭としても活躍。

終戦を迎えた時、五十五人の部隊で生き残ったわずか三人のうちの一人となった塚本は、日本に帰る復員船の中で「自分は何故生き残ったのか」と考えた。「私は生きているように見えるが、実際は生かされているのだ」「生かされている間は、日本の再建復興の一翼を担おう……生き残ったのはそうゆう使命を与えられているからだ。そうゆう使命を母体に一生をやりぬこう」と決意したという。

この話は筆者がワコールのコンサルタントをしていたご縁で、青山にあった塚本ビルでご本人と酒を交わしながらしみじみと聞かされた話である。

そして塚本は筆者にこうも話した。「僕は復員船で日本に上陸してから〝無着陸飛行〟だ」。その意味がわからず筆者が尋ねると、「つまり飛び立ったまま飛び続けているということだ。あの日から今日まで私は一日も体を休めず使命のために戦死した戦友たちの分まで活動してきた」と語った。

そして塚本は千二百日修行に出ようとしていた筆者に、「貫く」と色紙に力強く書いてくださった。筆者もその話を聞いたあの日から、〝無着陸飛行〟を貫き今日まで一日も休んでない。何事も使命感をもって貫くことを塚本の遺言だと思って「優れた企業家の思想を後世に伝える」という使命を貫くため、今もこうしてペンを走らせている。

岩田孝八

人間は踊る舞台を与えれば踊る。

岩田孝八

長崎屋　創業者

いわた・こうはち／一九二二年生まれ。生家は神奈川県茅ケ崎の布団屋「長崎屋」であった。復員して廃墟と化した平塚の町を見て商人根性に火がつき、今日の長崎屋を創立。

「店を発展させるためには問題点は資本より人間性を仕込むことだ」

「人間は踊る舞台を与えれば踊る」というのが岩田の社員育成の基本姿勢であった。

「あの人間をこの舞台に上げたらこのように踊ってくれるだろうと私が予想すると、八割方当たる。一割は期待はずれ、これは当然舞台から下ろします。あとの一割は想像以上の大活躍、これはもちろん抜擢です」と岩田は語る。

「人様と深く接しないし、また向こうさんからも期待しません。社員にも同様です。仕事の関係だけでいいのです。残業なんか長くするのは感心しない。深入りの付き合いをしたらろくなことがありません」

だから「浅く関わる」ことこそ自分の成功の秘訣だというのである。岩田は社員の〝舞台上の姿〟だけを見て、楽屋はのぞかない主義だった。

岩田はその人間にとって最も踊りやすい「舞台」を常に考えていたのである。

自分の持ち前と人柄を最大に活かせる舞台で、常に新しい舞を踊っている人々をわれわれも多くつくりたいものである。まさにこのことは筆者の著書『いのち輝かせて生きる』(致知出版社)で述べている内容そのものである。

山内溥

極楽マシーンなんていうもんは、
社長が一年考えたって
出てきません。
一流大学出の技術屋が
毎日会議したって出てこない。
ヒット商品は自由な企業体質から
のみ生まれるのです。

山内　溥
任天堂　元社長

やまうち・ひろし／一九二七年生まれ。任天堂は明治時代に山内房治郎（山内溥の曾祖父）が、京都で花札の製造から始めた。その会社をコンピュータ遊具などユニーク遊具のメーカーに育てたのが山内溥である。

明治の時代、遊び道具の主力であった花札は〝賭け事に使われる〟ものといったイメージが強かった。「任天」の社名も〝運を天に任せる〟ということからつけられたという。カルタ、将棋など、日本人向きゲームの専業メーカーだった任天堂は、山内が社長になると次々とヒットを飛ばした。

山内が最初に手掛けたエレクトロニクス応用の光線銃は、大ヒットとなる。そしてまた家庭のテレビで遊べる「ファミコン」は空前のヒットとなった。

山内は「これはいい」と思うものについてはすぐにでも許可を出してやらせた。

そして開発、技術、販売のスタッフを信頼して任せた。任天堂はどの職場も柔軟性にあふれている。社員をがんじがらめにしばりつけるようなことは全くしない。社員一人一人の個性を大切にし、自由にのびのびと発揮できる雰囲気をつくっているという。つまり「天に任せる」から「人に任せる」任天堂への変身である。

任天堂の組織では、「これはいい」と思ったらすぐに決裁され、全社のプロジェクトとなって打ち込める。こうしたフレキシブルな企業体質の中で、素晴らしいアイデアが次々と生まれてヒット商品を出しているというわけだ。

山内の経営姿勢は「社員の個性、才能を自由に発揮させる」という言葉にも表れている。

本庄正則

経営者には
陣頭に立って指揮をとるタイプと
部下に信頼されて、
いつもみこしのように
かつがれるタイプの二つがある。
(私はかつがれるタイプだ)

本庄正則

伊藤園　創業者

ほんじょう・まさのり
／一九三四年生まれ。
零細企業ばかりのお
茶の業界で、本庄の
率いる伊藤園は、マー
ケティングを重視し
た積極的な商品開発
戦略で、たちまち業
界トップの座へと躍
り出た。

大学二年の時、父を亡くした本庄は、家計を助けるため実力で稼げる車のセールスマンになる。「セールスマンになったからには日本一になってやるぞ」と志をかかげ持ち前のバイタリティーをもってトップセールスの座についた。本庄には特有のカリスマ性が備わっていたようだ。

三十歳になったとき、本庄は独立を決意する。「本庄さんが独立するなら、ぜひ私たちも一緒に」と後輩たちに懇願され、仲間で力を合わせて「日本ファミリーサービス」という会社を設立、そして翌年正式に「伊藤園」と改称し、お茶の販売だけに絞って活動する。

彼の会社を飛躍的に伸ばしたのは、ウーロン茶である。当時はウーロン茶を扱う会社は少なかった。本庄も自分で飲んでみて「これじゃ売れないよ。かえって足を引っ張ることになるかもしれない」と首をかしげた。しかし、社員たちは「社長、絶対に大丈夫ですよ、やりましょう！」と言い張った。

本庄は思い切ってやらせてみた。すると健康飲料的なイメージも受けてか伊藤園のウーロン茶は売れに売れた。こんなことがあって、本庄は率先垂範より、「部下に信頼され、かつがれ、みこしにのって動くリーダーシップもいいものだ」と実感したようだ。

井植歳男

「遊ぶ社員ほど仕事ができる」

昔の料亭の女将は、
将来大物になる者を
パッとつかんで
その男に投資をする。
これが、いわゆる
〝出世証文〟である。

井植歳男

三洋電機　創業者

いうえ・としお／一九〇二年生まれ。昭和二十二年義兄の松下幸之助と別れ、自転車専用ランプの製造からスタートする。零細企業のバラック建ての会社は、いつも陽気だったという。

井植は、明るく暮らす、楽しくやることに価値をおいていた。それが「遊ぶ社員ほど仕事ができる」という言葉に結びつく。

「〝遊ぶ〟バイタリティーは、仕事をするバイタリティーにつながる」。このバイタリティーをうまくコントロールすれば〝大型社員〟が誕生するというわけだ。井植は『大型社員待望論』(文藝春秋)という本を出している。井植は大型社員を思い切って抜擢して将来を期待した。それが「出世証文」なるものだ。彼は料亭の女将が将来有望な人物を見出すのを見て、「女将だけしか人物を見抜けないわけはない」と思い、出世証文を実践に移したということだ。

井植の弟の井植薫元社長は次のように語ったという。「会社は社長が陽気でなけりゃあきまへんわ。陽気だけでは〝お笑い産業〟の吉本興業も社員を採用しまへんが、その陽気にプラスして、ひらめきでんな。社長の性格が暗い会社はあきまへんな」。つまり陽気とひらめきが大切ということだ。

三洋電機の〝明るさ〟は、どうやら〝遊び〟に支えられてきたようだ。

石橋正二郎

事業経営は人材をもってしなければならぬ。
人徳の人・肚の人・才能の人がいる。
それぞれに性格が異なり、
これほど差のあるものはない。

石橋正二郎
ブリヂストン　創業者

いしばし・しょうじろう／一八八九年生まれ。九州で最初に乗用車を買った石橋は、久留米の足袋屋の次男坊で地下足袋を発明した男。大のゴム好き人間であり、自動車タイヤに心が行き今日の基盤をつくる。

足袋の底にゴムを張りつけた〝地下足袋〟を発明したのは石橋である。石橋はゴムに惚れ込んだ。このゴムの将来性を示していたのが、自動車のタイヤだったのだ。石橋はさっそく最新型の車ビュイックを手に入れ、九州中を走りまわり、足袋のPRを行ったという。まだ東京中に車が三百台しかない時代のことである。

石橋は、「会社は公益である」という信念から自社の利益のみを求めることはしなかった。「勤労者の履物を改良することが一番の世のため人のため」と考え、地下足袋を作り「ゴム底の布靴や長靴を安く提供すれば大衆の生活に益するに違いない」と考え、一生懸命ゴム靴を製造した。

またタイヤ事業に進出したのも「原材料を輸入するゴム業界こそが輸出により外貨を稼がなくてはならない」という使命感に燃えて、行った事業である。

石橋はブリヂストン美術館をつくり「多くの人の心を潤し、日本の文化の向上のため」として個人の所有物を一般に公開した。ふるさと久留米に寄贈した石橋文化センターの入口には「世の人々の楽しみと幸福のため」と石橋の筆で書かれている。

そもそもその時代から世界のタイヤ市場に目を向け、ブリッヂ（橋）ストーン（石）と企業名をつけたのも石橋らしい。

井深大

いっさいの秩序を
実力本位、
人格主義におき、
他人の技能を
最大限に発揮せしむ。

井深　大

ソニー　創業者

いぶか・まさる／一九〇八年生まれ。軍隊の時知り合った盛田昭夫と力を合わせ、トランジスタラジオをはじめ、世界最小の匠の製品を次々に世に出し、ソニーの基盤をつくった技術屋。

筆者は大学時代「企業診断研究会」で、当時『ソニーは人を生かす』（日本経営出版会）の著者である小林茂取締役をお招きし講演を開き、感動した。

何年か後、筆者は「職場活性化」の研修でソニーの各工場を講演してめぐったが、そこには井深の描いた〝創業の心〟が薄れてきてしまっており、残念に思ったものだ。

筆者は井深のつくった会社創立の目的が大好きである。それを以下に紹介する。

会社創立の目的は、

第一に「技術者たちが技術することに喜びを感じ、その社会的使命を自覚して、思い切り働ける職場をこしらえるため」

第二に「日本再建、文化向上に対する技術面生産面よりの活発な活動」

第三に「非常に進歩したる技術の国民生活内への即時応用」

経営方針には「不当なるもうけ主義を排し、あくまで内容の充実、実質的な活動に重点をおき、いたずらに規模の拡大を追わず」「技術上の困難はむしろ歓迎し、量の多少に関せず、最も社会的に利用頻度の高い高級技術製品を対象にする」と述べている。さらに「一切の秩序を実力本位、人格主義におき、他人の技能を最大限に発揮せしむ」と書かれている。

この理念が受け継がれ、ソニーの人々の心のよりどころとなっていくことを願いたい。

6章

自分を信じて挑戦し創造する

本田宗一郎

成功は
九十九パーセントの
失敗に支えられた
一パーセントだ。

本田宗一郎

本田技研工業　創業者

ほんだ・そういちろう／一九〇六年生まれ。オートバイのマン島レースを六年かけて優勝させ、またF1レースでも優勝にこぎつけた。夢を掲げた日本の自動車業界の技術力の向上をけん引した立役者。

筆者は本田宗一郎のファンである。本田に関する講演や執筆を多く行ってきた。またホンダの管理者研修や販売店の役員研修も行った。ホンダの研修に行くと決まって筆者は質問責めにあう。ホンダの社員は積極的で挑戦的である。グループワークの発表の時など、先を競って発表の座を奪い合う。この会社には今もなおホンダイズムが息づいている。

本田はよく講演で次のように語っていた。

「私が大事に思うのは、〃パイオニア精神〃ということであります。過去の積み重ねられた多くのものをもとにして、そのうえに自ら作り出した新しい世界を開いてゆくところに進歩があり、これがパイオニア精神だと思います。

多くの人々はみな、成功を夢み、望んでおりますが、私は、『成功は九十九パーセントの失敗に支えられた一パーセントだ』と思っています。開拓精神によって、自ら新しい世界に挑み、失敗、反省、勇気という三つの道具を繰り返して使うことによってのみ、最後の成功という結果に達することができると私は信じております」

日本の企業家たちは本田の語る冒険心や開拓者精神を学び、もっと積極的に失敗をして、そこから独創的製品を生み出していきたいものである。

竹鶴政孝

自分の運命に挑戦し
扉を切り開くか
周囲の人の行為や協力で
おのずから
開いていってくれるか。

竹鶴政孝
ニッカウヰスキー
創業者

たけつる・まさたか／一八九四年。NHKの「マッサン」の主人公となった男。ウイスキーを日本で本格的につくり、日本の洋酒界の歴史に名を残したニッカの創業者。

ＮＨＫの朝のドラマ「マッサン」の主人公となった竹鶴の語録を紹介しよう。
「ウイスキーの場合、品質というのはうまさということだ。品質さえよければ味なんてどうでもいいということはありえない。逆に、味さえよければ品質などどうでもいいということもありえない」

また竹鶴は人生と運命の関係には二つの型があると言っている。
「一つは自分の運命に挑戦して生きていくにしても、ほとんど自分の力で、その扉を切り開いていく型と、もう一つは周囲の人の好意や協力でおのずから開いていってくれる型であり、私はどちらかというと後者の方に属していよう」
「品質第一にしろ、常に本物で勝負しろ。われわれがこの分野で開拓者であることを忘れるな。酒造りは科学だ、いつも科学者精神を持って仕事にあたることが大切だ」

と社員たちに言い続けてきた竹鶴は「本物のいい商品をつくれば必ず売れる」と信念を崩そうとしなかった。

筆者は以前にニッカの管理者研修で、青山にある本社に通った。研修中彼らが話し合う中身は常に〝品質〟であり、〝ホンモノ・イイモノ〟づくりであった。竹鶴の物語から百年近くたってもこの竹鶴の思いは脈々と息づいていた。

山崎種二

「信は万事の本を為す」
頭を使って仕事しなさい。
自分の考えを
仕事の中に活かしなさい。

山崎種二
山種美術館（山種証券）
創業者

やまざき・たねじ／一八九三年生まれ。城山三郎が書いた『百戦百勝』のモデルとなった〝天才相場師〟山崎種二、人呼んで〝山種〟という男は蠣殻町の常勝将軍とうたわれた。

筆者は山種美術館の山崎富治元館長と親しくさせていただいた。富治元館長のお父さんは山種証券の創業者の種二であり、株の取引で大儲けしてその時集めた数多くの美術品が今、山種美術館に公開されている。

天才相場師・山崎種二の思想形成に影響を与えたのは種二の祖父であったという。上州、山崎家の十一代目の兵衛は、頭のよさそうな孫の種二に向かい、いつも口説いていたそうだ。

「働き一両、考え五両。種二よ、しっかりやっておくれ。お前以外にこの家を立て直すものはいないんだよ」。これが祖父の繰り言であったという。

「手足を使っての働きはせいぜい一両、それが頭の働きひとつで五両にもなる。元手が少なくとも、いまは手足の力が及ばなくても、頑張り続ければ必ずモノになる。大丈夫だ」

「怠ける奴はろくなことを考え出したためしがない」

「頭を使って仕事をしなさい。自分の考えを仕事の中に活かしなさい」

兵衛は素晴らしい〝家庭教師〟であった。ここに山種精神の根源が感じられる。

富治元館長も父の考えを受けた人柄の素晴らしい人物であった。

田口利八

信念は
あらゆる目標を
実現させる
起爆剤である。

田口利八
西濃運輸　創業者

たぐち・りはち／一九〇七年生まれ。昭和初期、自動車は故障が多く、動かすだけでも大変な技術を要した時代に、持ち前の粘り根性で障害・困難を乗り越え、西濃運輸を創業し基盤を固める。

田口は志を立て、自分の人生の目標をしっかりと定め、それに向かって迷わず、努力し続けた男である。また大義を掲げ、自己が志したことは必ず達成できると信じて、さまざまな障害を乗り切ってきた。

昭和五年、二十三歳の田口は岐阜県において月賦で中古トラック一台を手に入れ、運送業をスタートさせる。日本の運送業の将来を見越して、自分自身の手で大運送会社を必ずつくってみせると志を立て、行動を起こしたわけである。

田口は「適正運賃」「敏速な運送」「荷主への親切」という想いを大切に、近代的経営を推進し、お客様へのサービスに徹し、固定客を少しずつ増やしていった。

田口はただ一つ「日本一になりたい」という想いに従って突き進んだ。さまざまな困難を乗り越えた田口は、次々にやってくる困難にぶつかるたびに「蹴られても、踏まれても、強く野に咲く福寿草」という一節を常に口にして頑張り通したという。田舎の水田のあぜ道にひっそりと咲く、野の花に自分の姿を映し出していたというわけだ。

西濃運輸に受け継がれている福寿草精神は「信念こそがあらゆる目標を実現させていく強い推進力となる」というものだ。

松田重次郎

私のたどった道は、いつも
茨に閉ざされた道であった。
私はそれをあえぎ、悩み、
傷つき進んでいった。
そうさせたものは
「信」の一字である。

松田重次郎
東洋工業（現マツダ）
創業者

まつだ・じゅうじろう
／一八七五年生まれ。
機械大好きの職人で
あった。外国の自動
車のモノマネでない
独自の構想を練りこ
み三輪トラックから
スタートさせた技術
屋である。

「信」という言葉は、松田のすさまじいほどの人生変転の中で、自らつかみ取ったものである。無一物で全く経験のない世界へ飛び込んでいった松田は、自分で自分を信ずることから始めなければならなかった。そして小さな仕事から、次第に大きな仕事へ、狭い社会から、だんだんと広い社会へ乗り出していく過程で、人を信ずることを学んだのだ。皆と協力し一丸となり、共栄するには、信じ合うしかない。そしてやがてそれは天への信と結びついていく。

松田は十四歳の時に大阪に出て鍛冶屋の徒弟になり、修業する。そして呉、大阪、長崎などの造船所で技を磨き、知識を深めた。

松田の生涯を通じて最も記念すべきは、昭和二十六年秋。広島県で開催された国体に来られた天皇皇后両陛下が、東洋工業をご訪問されてから松田の〝信〟の心は今までにも増して深まった。それからの松田は従業員や家族および地域住民への医療サービスのためにマツダ病院を開設するなど、公のためにつくしている。

松田の人生にとって機械がすべてであった。機械を前にして、松田の瞳は輝き心躍った。「機械のあるところ、我あり、友ありを知り、また天ある」を信じた。文字通り、まったく「信」の一字で生きた人物である。

山内健二

熱意と執着と努力で信頼を克ち取れ。

山内健二

山之内製薬（現アステラス製薬）創業者

やまのうち・けんじ／一八九九年生まれ。カコナール、マキロンなど大衆薬をヒットさせて山之内製薬の名をあげた。二〇〇五年藤沢薬品工業と合併し、アステラス製薬となる。

山内が若い人によく語ったことを紹介しておこう。それは、「絶えずひとつ上の立場で考えなさい」ということである。

「係長であれば係長としての考え方や判断ではなくて、自分は課長であると思い『もし課長だったらどうするのか』、というように常にひとつ上の立場で考え、判断し、行動するようにしなさい。これが日ごろの上長の判断を理解し、相手の立場を考えた広い視野をもつことにもなり、ひいては自分の能力を高めるひとつの方法にもなる」ということだ。

「歴史上の人間で大成した偉人の伝記を読んでも、それらの人々に共通するところは、例外なく自己の仕事に対する異常なまでの熱意と執着である……そこから周囲の信頼を克ちとっている」と健二は語る。平凡な人間が世に認められるためには、異常なまでの努力を払う他にはないという教えだ。

また、山内の一流に接することの大切さを残した言葉もある。それは「一流といわれる人にはそれなりの雰囲気もあり、学ぶところが多い。また、同時にそんな体験を重ねることにより、自分自身にも一流の雰囲気が備わるものだ」。筆者もさまざまな社長や講師と出会うが、一流人はどこか違う。若いうちに一流人の謦咳《けいがい》に接することを勧めたい。

櫻田慧

多くの人々に感謝される
仕事を選び、
肉体からほとばしり出る
エネルギーをすべてぶっつけたら
失敗などありえない。

櫻田　慧
モスフードサービス
創業者

さくらだ・さとし／一九三七年生まれ。〝一つの街に一つのモスバーガーを〟を合言葉に、急ピッチな上昇曲線を描き出し今日の基盤を築きあげた。

櫻田は大学を出て日興証券に入社し、まわりも目を見張る成果を残した。

この実績を評価され、若くしてアメリカの駐在員になったものの「いつまでも現状に甘んじていたのでは人間的に成長しない。自分の納得のいく仕事につき、持てる情熱のすべてを賭けてみたい」と、後輩二人を連れて独立する。

仲間とともに「理想の会社を設立し、思う存分に活躍したい」と語り合い、ハンバーガー・ショップのビジネスにたどりつく。

脱サラを考えた時、櫻田は①手形を受け取らない現金商売、②五十パーセント以上の粗利があるもの、③資本の投下が少なくて済むもの、④直接ユーザーにつながる商売、という四つの条件を課し、スタートした。

開業後半年間はアメリカでハンバーガー商売の修業をし、そこで①最高の味を提供する、②スマイルに徹し気持ちのいいサービスを行う、③低価格主義を貫く、④低い投下資本を、という四つの原則を教えられた。原則通りの船出をし、素晴らしい成果を出している。

櫻田の基本理念は「社会に貢献する仕事をすれば利益は自然についてくる」である。

できないというのは
工夫が足りないのだ。
研究心が足りないのだ。
これくらいのものが
できなくてどうする。
なんとか工夫を続けてみよ。

河合小市

河合楽器製作所　創業者

かわい・こいち／一八八六年生まれ。アメリカから輸入された一台のオルガンを深く見つめ、多くの発明と技術力をもとにオルガンやピアノをつくり出した、大の楽器好きの発明男。

河合小市

河合が十三歳のとき、たまたまアメリカから新型のオルガンが日本へ輸入された。それを初めて見た小市は、素晴らしさに驚き感動する。

そして、「日本にだってできないはずはない、なんとか工夫をしなければならない」と、自ら励まして勇気づけながら、一心不乱に工夫を凝らして研究を積んだ。

河合は、アメリカ製のオルガンにのめり込み、ストップの数を増やしたオルガンをつくり出すことに見事に成功した。

アメリカ製のオルガンと弾き比べてもなんら見劣り聞き劣りすることがない。これが河合の発明の第一歩であった。

海外の楽器工場視察のためアメリカ、イギリス、ドイツ、イタリアなどの欧米各国を見て歩いた河合は、パイプオルガンの製作にとりつかれ、「河合楽器研究所」を創業。河合ピアノは他社製品より価格が安いうえ性能もよかったので注文が殺到した。

また、世界的な「ピアノ響板」というものを発明し、次いで小型オルガン、小型ピアノ、グランドアクションの発明など一生を発明にささげた。

池田実

よい知恵は、
天から降ってくれるものではなく、
われわれ人間に
内蔵されているものであり、
それは日常的な行動の場からこそ
生まれてくる。

池田 実
フランスベッド 創業者

いけだ・みのる／一九二〇年生まれ。わが国にベッドを普及させた功労者。画期的な高性能ベッド用スプリングを技術導入し、新商品に組み込んで発売した。

「昼はソファー、夜はベッド」のキャッチフレーズでソファーベッドを一気に人気商品とさせたフランスベッド。

それまで日本の製品は西欧でつくられたものを真似てつくったものばかりで、独創的なものは全くなかった。

池田は真似ることを捨てて独創的なものをつくり出そうとアイデアを打ち出し、次々と技術革新によって製品化した。たとえ失敗しても「勝つまで！　成功するまで！」と、創造的にチャレンジを続けた。

「わが国の歴史は、模倣の歴史でわれわれの短所の自覚についてとなると、はなはだ心許ない。物の本質を科学的に捉え、辛抱強く追求していく姿勢が足りません。真似はできても創造はできないという事実です。これからの時代は、このままでは通用しないと思います」

「わが国は、黙って待っていれば麦も実ります。欠陥を指摘されても謝っておけばいつしか春がやって来る。他民族の侵入という深刻な脅威もほとんど経験せずに生活できました。その意味からいえば、情報の収集、整理、活用という問題も、日常の場で上手に活用できていないのではないかと思います」

山本猛夫

私は自分の脳ミソを
百パーセント使います。
だから死ぬときには
ゼロになっていますよ。

山本猛夫
山善　創業者

やまもと・たけお／一九二二年生まれ。昭和のテレビドラマ「どてらい男」（花登筐原作）のモデルとして一躍有名となる。苦労人のたたきあげ企業家。

「わしは自分であみ出した経営学であり、経営哲学であるから死ぬまでに全部使ってカラになってしまいます」。さすがにテレビドラマ「どてらい男」の主人公になっただけあり独立独歩を山本は強調する。

「山善」という会社は機械工具の大手専門商社であり、山本が十三歳で丁稚奉公しそこで感じ学んだものをフルに活かした昭和二十二年創業の会社である。山本は「三力主義」を部下に要求する。三力とは思力、体力、努力である。

「点数を取るための勉強じゃなくて、自分自身が逞しく生きていくための勉強をし、激しい経済活動に耐えるだけの体力を自ら作り、そして現状に甘んずることなく明日のために努力していくこと」が三力主義である。

「自主独立ですからね、われわれの考え方は、他の協力は求めても、いっさい依存はしません。社員にも言っています。君たちの協力は求めるが依存しないと。山善の社員一人一人も自分の将来というものは会社に依存するな、将来は自分自身で築き上げていくものだ」

たたきあげの「モーヤン」らしい力強い言葉である。

現代のベンチャーの企業家諸氏も「どてらい男」モーヤンの生きざまに学びたい。

飯田亮

まずすべてを否定しろ、疑ってみろ、世間でまかり通っている慣習とか常識とかには、ずいぶん不合理なものが多い。

飯田　亮

セコム　創業者

いいだ・まこと／一九三三年生まれ。二十九歳の時、日本警備保障を設立した。酒問屋の五男坊で湘南高校では石原慎太郎と同級生であり、若い時の面構えは石原裕次郎ばりであったようだ。

当時のガードマン会社なるものは生まれたばかりで、世間での慣習や常識とは違っていた。前例のないところからビジネス化していくわけだから大変だった。それにガードマンの管理は得意先の諸状況や業種など、それぞれの要望点が異なるので、なかなか難しい。飯田はそれを難なく解決した。さまざまな資料のデータを参考にしながら、科学的な方法でガードマンの行動管理のあり方やシステムなどをマニュアル化した。飯田はいつも常識の裏を考えることでこの会社を成功に導いた。

「常識を疑って考える」ということはやさしいようでも難しい。社会から「〝非常識〟な会社だ！」と言われてはいけないからだ。常識を疑って、その常識を超えたところで新しい局面をつくる、〝超常識〟という言葉を飯田は使っている。

飯田は「新しく事業するときは、損失の計算だけすればよい」と言う。新事業が損失にどれだけ耐えられるかという計算が成り立てば、あとは安全と考えたわけである。ベンチャー企業が「これをしたらいくら儲かりそうだ」と利益計算だけを頭に入れて、突っ走り倒産してしまうケースもしばしば見受ける。

飯田が語る「まずすべてを否定しろ、疑ってみろ」というのは、「世の中は儲けばかりではなく、損することだって多いのだ」ということにも結びついてくる。

御木本幸吉

常識なんていうものは、
ただの人間のいうことだ。
そんなものをありがたがっていて
なんで偉くなれるか。
普通の人間が考えたり、
したりすることをしていては
普通の人間にさえなれない。

御木本幸吉

御木本真珠店　創業者

みきもと・こうきち／一八五八年生まれ。貝の中に異物を入れ、人工的に真珠をつくるという手法を考え出し、その実験にとりつかれ財産を食いつぶしてまでも世界初の養殖真珠を開発した。

人は御木本のことを「山師」とか「大ほら吹き」と言った。人の意表をつくチャレンジ精神こそが御木本の人生芸であった。

うどん屋の長男に生まれた御木本だが、幼い頃から「死んでも悔いぬ、金持ちになりたい！」という想いを高め、うどん屋を手伝いながら、青果物の行商を始めた。東京見物に行った時、外国船の出入りする横浜へ足をのばした。そこで、中国人の商人が海産物のほか、小さな粒の真珠を高値で取引している光景を見て「これだ！ これならおれの郷里にもある」。

それから何年かして妻と二人、鳥羽湾相島《おじま》で、海中に沈めた養殖貝の籠を次々と引き揚げ、丹念に調べているうち、妻が開いた貝の中に、夢にまで見た真珠があった。夫婦で感動して涙を流し続けた。実に、御木本が養殖を開始して十年目、横浜で真珠の事業を決意して十六年がたった三十五歳のときである。

御木本のはったりも、ここまでくれば本物である。

明治天皇が伊勢神宮へ行幸の際、御木本真珠店にお越しになった時に彼は、

「世界中の女性の首を真珠で締め上げてご覧に入れます」

と大言壮語したという。その後、御木本真珠店は世界へと飛翔していったのである。

大谷米太郎

国だって税金という
金がなければ
成り立っていかない。
自分に「力」をつけるのも
「信用」をつけるのも
金なんじゃや。

大谷米太郎
ホテルニューオータニ
創業者

おおたに・よねたろう／一八八一年生まれ。裸一貫、立志伝中の人である。大谷重工業、ホテルニューオータニ、東京卸売センターなどを創設している。

「タネ銭なしで親の金や人の財布をあてにしているような人間にろくな人間はいない、それで事業がうまくいくわけがない。自分の腕を磨くには、タネ銭を持たなくてはできないものだ」と大谷は説く。大谷のタネ銭哲学の本の中から一部を紹介してみよう。

「サーカスの綱渡りいうもんは、畜生でも練習すればできることなんじゃ。綱があればそれを渡る練習をすれば向こう側にいける。世間を渡るにはこの綱がないんじゃ。わかるか……。道なき道を渡るから難しい。それを渡らにゃならん。そこでわしは〝タネ銭をつくれ〟というんじゃ。タネ銭をつくったものだけが、この世間の〝綱渡り〟できるんじゃ」

大谷は人づくりの根本は教育にあると二億四千万円を富山県に寄付して大谷技術短大（現富山県立大学）をつくっている。

大谷は金を集めるのも達人であったが、公のために金を有効に使うのも達人であった。

矢野恒太

およそ人間の地位や
名誉、財産ほど
くだらないものはない。
わしは無一物で
生まれてきたのだから、
無一物で死ぬのが理想だ。

矢野恒太

第一生命保険　創業者

やの・つねた／一八六五年生まれ。外国のものまね保険から日本的な保険制度をつくり出し、日本初の相互会社「第一生命保険」を設立した男。

生命保険が日本人になじみの薄い時代、矢野は健康、人災、簡易などあらゆる保険システムの原型をつくりあげ、今日の国民総保険化時代への第一歩を開いた。

第一生命は従来の同業他社とは全く内容が異なり、独自性に貫かれていた。「死なければ損」式の生命保険観に対し、「長命無損害」を表した。加入者への配当金を契約年数に比例して配分するなど、現代とほぼ同じシステムを生み出した。

また、死亡率の統計から日本人向きの生命表を作成、それを基礎に合理的な保険料を算出した。このような相互会社方式について矢野は、「同志が集まり、家を借り、社員を雇い、生活用品を買い、各人が実費負担をするようなもの」と言っている。

矢野の博愛的相互依存の発想は、少年時代から学び続けてきた儒教的道徳観に基づいているところが素晴らしい。

医者の一人息子であった矢野は、死の病を治療するのが医者なら、死そのものを尊い金銭的価値で補うのも「医者のうち」と考えたようだ。矢野は人生の大部分を独学による保険業の研鑽に打ち込んだ。矢野のことを「生涯、書生気質をもちつづけた実業家」と語る人も多い。

7章

困難をチャンスに人間力を作る

素野福次郎

企業とは
人間を磨く、あるいは
人間としての
喜びをもつ道場だ。

素野福次郎
TDK 中興の祖

その・ふくじろう／一九一二年生まれ。鐘紡に入社したが、自分の力を発揮する場所を求め退職して、たった四人の町工場の東京電気化学工業に入社し、TDKを今日に導いた人物。

筆者は産業能率大学の経営管理研究所に勤務していた時代、ＴＤＫの千葉にある研修センターに管理者研修で通い詰めた。そこには素野の理念が息づく人材育成への姿勢があった。

素野の持論の中に「企業＝人間道場」というものがある。「企業とは人間を磨く、あるいは人間としての喜びをもつ道場だ」と素野は語る。

その道場訓というべきものが「修破離《しゅはり》」である。これは素野の語録としてもまとめられ、ＴＤＫの社内用の小冊子として発行され、社員のバイブルとして全社員に手渡された。筆者が担当したのはこの考えに基づく「Ｏ・Ｊ・Ｔリーダー養成コース」であった。

その「修破離」であるが、「修」は習って覚える段階、「破」は喜び覚えたことを破る段階、「離」はさらに「破」からも離れて、真の新しい境地に入るということだ。

これは日本の伝統的な習いごと、特に茶道とか華道のように、師についてお弟子さんが一つの道を習熟していく場合に、伝統的に行われてきたステップである。

筆者も素野の影響を受け、現在の「経営道」の学び方、身につけ方を語っている。「今ここ道場、今これ行」である。

高原慶一朗

企業は、経営者の器以上に
大きくならない。
だから、自分の成長がとまったら、
軽蔑されて当然だ。
器をどのように大きくしていくか、
よくよく考えていく必要がある。

高原慶一朗
ユニ・チャーム　創業者

たかはら・けいいちろう／一九三一年生まれ。女性の生理用品や介護用品などに特化し、ユニ・チャームをオンリーワン企業に育て上げた勉強家の経営者。

筆者のまわりには起業する方々が多い。しかし、その多くが残念なことに創業してわずか数年にして姿を消している。残った企業の多くが、何年たっても零細のままで、中堅企業、大企業へ発展していく企業はごくまれである。

会社を興しても経営の難しさを実感させる現実である。伸びる企業ととどまる企業を決める要因は、経営者の〝経営力〟である。経営者としての人間力を核として、構想力、決断力、組織力、革新力などを統合したものが経営力であり、経営者の器ともいわれている。

経営者の器が小さいと、その人物の経営する企業も発展しないのが現実だ。

ここに紹介した言葉は高原が、自戒の意味をこめて語ったものだ。彼は、「もしも自分の成長がとまったら、軽蔑されて当然だ」と自分に対して厳しかった。この姿勢があってこそ、今日のユニ・チャームの発展があったといえよう。

筆者が主宰する日本経営道協会の元理事長である加藤雄一（元アドバネクス会長）は高原の影響を受けた経営者の一人である。三代目社長ではあるが、あらゆる場で学び会社を一部上場にまでした。このように高原は若手の経営者の育成にも力を入れ、日本の明日を担う若い企業家の経営力や人間力向上の面でも多くの貢献をしている。

鈴木三郎助

「百忍百謝」
耐え忍ぶことと
感謝することが大切だ。

鈴木三郎助

味の素　創業者

すずき・さぶろうすけ／一八六八年生まれ。うまい味を大量製造することに苦闘し、また販売においても血のにじむような思いで今日の味の素の基盤や社風をつくりあげた。

日本経営道協会は味の素の歌田勝弘元社長に発起人となっていただき、長い間支援を受けてきた。歌田は鈴木家の同族経営路線から初めて生え抜きの社長に選ばれた人物である。歌田が社長を引き継いだ時、前社長の鈴木から「百忍百謝」という言葉をいただいたという話を聞いた。百忍百謝とは百回忍んで百回感謝せよ、つまり「多くの我慢と多くの感謝の心が何より大切だ」ということだ。

鈴木の苦難の語録を紹介しよう。

「今度の〝うま味〟は、いままで誰もやったことがない。世界ではじめてであり、その製造も販売も容易な業でない。(中略)入念に他の調味料とも比較し、あらゆる角度から試験をしました。各方面の人々をも招いて試食してもらったり、(中略)多くの知人の意見や批判をも徴したり、いろいろな方法で実地試用の研究をかさね、将来見込みあるものという見解に達しました」

「本発明の実施(製品化)に着手したるも、その遂行は予想以上に困難をきわめ、ことに我が国において創始せられたる工業なるを以って範を示すべき、先進の向上も技術も共に存ぜざりし故にその苦心筆紙に尽くし得ず」

まさに鈴木の「百忍」し、味の素を生み出したドラマを表している言葉である。

安井正義

一業に専念するには
忍耐がいる。
一つの道に専念すると、
意外に新しい
展望が開ける。

安井正義
ブラザー工業　創業者

やすい・まさよし／一九〇四年生まれ。本格的な家庭用ミシン（HA型）の国産化を成功させた先駆者。以来、半世紀余にわたって、安井のブラザーミシンは日本だけでなく世界のミシンの歴史をつくりあげてきた。

昭和のある時代、女性の近くに常にあり、リズミカルな音を出して七色の布を縫い上げた安井のミシン。瞳を輝かせ洋裁の技を自慢する〝良妻賢母〟の女性たちをリードした安井はこう語る。

「事業でいうならば見込み違いは起きやすいし、情勢の急変もある。もろもろの障害にぶち当たって考え込む。〝隣のムギめし〟という言葉があるが、そんなときは人のやっているることがよく見えて、つい移り気を起こす。ところがやってみると、他人の道にはそれなりに難しさがあり、また目標を変えることになりかねない」

「一つの事に成功した時にも同じようなことがいえる。一つ成功すると何をやってもうまくゆくように思って手を広げる。最近の倒産劇には、手を広げすぎてトガメを受けた例が多いようだが〝一人一業〟とは、こんな結果になることを戒めた言葉である。もっとも一業に専念するには忍耐がいる。器用な人には苦痛がともなうことだろうが、一つの道に専念すると、意外に新しい展望が開けるものだ」

安井は常に女性に寄り添い、ミシンという一芸を磨きあげたスター社長である。

安田善次郎

困難は、
我々の愉快を鼓舞し
増長させるために
やって来るものである。

安田善次郎
安田財閥　創始者

やすだ・ぜんじろう／一八三八年生まれ。銀行や保険をはじめ、さまざまな日本を代表する企業をつくった大事業家。立志伝中の人物ではあるが最後は大磯の別邸で刺客に暗殺されてしまう。

東大の「安田講堂」を寄贈したことで有名な、安田善次郎の語録を紹介する。

「人間の知力能力はいわば玉のようなもので、磨けば磨くほど光が出る。またあるいは草むらの中に一弾の火のようなもので、逆風が来ってこれを吹けば次第に炎を起こし、ついには大火ともなる」

安田はさらに掘り下げる。この言葉は筆者も大好きである。

「生気の盛んな木は爆風のために枝を折られ幹を揺すられれば、ますますその根を広げて新しい枝を一層茂らせるように、人間も困難のために苦しめられるほど益々堅実に完全に進歩発展していくのである。このように困難に出会った当時は苦しいに違いないが、ここを切り抜けさえすればそのあと愉快は実に大なるものである」

「困難に出遭った苦痛の大なれば大なるほど、それを切り抜けた後の愉快は大なるものであるから、一時の苦痛のために困難を厭うことは決してないのである。要するに人生に於ける困難は、我々の愉快な生活を妨げるために起こってくるものではなく、実は我々の愉快を鼓舞し増長させるためにやって来るものである」

辞書によると、愉快とは「はればれとして楽しく気持ちよいこと」。愉快を糧にできれば、私たちはさまざまな困難でも前向きに乗り越えていけるだろう。

岩谷直治

一人一人が激しい流れに
対応する姿勢を身につけて、
風雪に耐えて立つ大樹のような
抵抗力を育て上げ、
波濤《はとう》を乗り越えて進む
旺盛な意欲をたぎらせることだ。

岩谷直治

岩谷産業　創業者

いわたに・なおじ／一九〇三年生まれ。昭和の東京オリンピックの聖火台および国立競技場で〝マルヰプロパン〟を聖火として燃えさせた、燃えるようなパワーをもった創業者。

「常に新たな視点に立って、私も〝先憂後楽〟を座右の銘とし社員の皆さんとともに激動の時代を勇気をもって乗り越えていきたいと考えています」

ダーウィンの「進化論」から適者生存、優者生存、優勝劣敗の話を聞き、「世の中に必要なものは栄える」が心に強く残っていた。

「将来必ず酸素時代が来るということで始めたのですが、ちゃんと酸素時代がきましたし、炭素ガスにしてもしかりです」。さらに「いま、つくっている液体水素は宇宙開発に使い、成田空港の近くには大規模な液体水素工場をつくろうと思います。国際空港は、液体水素が燃料になってきましょう、そういう大きな夢をもっています」という言葉に見られるように夢を描き、自分の言葉にして発信し、常に志＝ビジョンを打ち上げた人である。

「相当の犠牲も払い、苦戦もしたが、もしプロパンをやっていなかったら、会社はここまでこれなかったでしょう。ただの金儲けのためでなく、大衆が要求しているもの、世の中に必要なものを売り、買う人に利益を与えたから会社が伸びたと私は確信しています」

このように「買う人に利益を与えたら会社は必ず伸びる」と岩谷は常に語り続けた。

土光敏夫

「我に艱難《かんなん》を与えたまえ」
艱難こそが
不断の人間成長を促す。

土光敏夫
経団連　元会長

どこう・としお／一八九六年生まれ。IHI（元石川島重工）や東芝を立て直し、後に経団連の会長となる。また、中曽根内閣の臨調の時は国鉄を分割民営化してJRにするなど実績は多い。

筆者の主宰する「企業家ミュージアム」（千代田区外神田）の〝土光コーナー〟には土光家から借用した一本の「ステッキ」と「お経の本」が展示されている。いずれも土光が毎日使用し、その生きざまを強烈に表す遺品である。

展示してある経本は「法華経」であり、土光はこれを毎朝三十分は読み「我に艱難を与えたまえ」と祈ったとご子息・陽一郎から聞いている。

また一本の古びたステッキは、十七年間も使った傷だらけのものである。まさに「自分は質素に国のためにつくす」と、土光が未来の国のために艱難を受けて立ったシンボル的な遺品である。

中曽根内閣の臨調（臨時行政調査会）を中心となって推進していた時、土光が国民的人気になったのは、NHKで「土光敏夫の私生活」が映し出され、その質素な暮らしぶりが話題を呼んだからだ。夕食のおかずがなんと〝めざし〟だけだったのを見て多くの人はショックを受けた。

土光ほどの偉い人が〝めざし〟だけという映像を見て、思わず我が家の食卓と比較し〝偉い人は貧しくもつらい人だ〟と感じたものだ。「暮らしは低く、思いは高く」と、土光は日本が誇る、国民が敬愛するリーダーであった。

小林宏治

〝坂の上の雲〟を目指して
坂道を上る段階では、
大きな危険は少ない。
しかし山頂に近づくと、
予期しない困難が増してくる。

小林宏治
日本電気（NEC）
中興の祖

こばやし・こうじ／一九〇七年生まれ。日本屈指の理論派経営者として財界をリードする。高度情報化社会の到来を前にC&C（コンピュータとコミュニケーションの融合）という言葉を流行させ、NECのみならず産業界に影響を与えた。

筆者は経営コンサルタントとして各社の改善活動に携わっているが、危機感のない職場ほどイノベーションが起こしにくいことを日々実感している。

経営幹部の研修である「経営道フォーラム」に当時NECの会長だった小林を講師としてお招きし、次世代を担う経営者にお話ししていただいた。

その時の小林の「安定の不安定、不安定の安定」という言葉が今でも心に残っている。つまり企業は安定してきて皆が安心してしまうと、長い目で見ると不安定になってしまう、大企業というものは、少しぐらい不安定な方が社員も危機感をもって、緊張して取り組むから長期的に見ると安定するというわけだ。

おりしも「大企業病」という言葉が飛び交っていた時代でもある。

乱気流の中を飛び慣れているパイロットの方が腕はいいし、また日本海の荒波の中を船を操っている船頭の方が船を操る腕は上がるというものだ。

小林が言うように、山頂に近づいて困難がやってきたときはいつでも対処できるよう常日頃から危機感を抱き、腕を磨いて創造的に挑戦し続ける企業の方が永続的に発展するというものだ。

水野利八

どんなに素人でも、
頑張りようによっては
玄人に勝つことができるのだ。
不景気のときこそ拡張せよ。
礼儀は処世の衣、
顔をつくる心である。

水野利八

美津濃 創業者

みずの・りはち／一八八四年生まれ。日本のスポーツウェアづくりの草分け。東京オリンピック招致の時、身ぶり手ぶりのスピーチで立役者となった水野正人の祖父である。

「会社を経営するために、なによりも経営者の健康が大切である。健康であってこそ客へのサービスが完璧に果たせる」

こうした思いから水野自身は、毎日、ランニング姿になって自ら走り、いろいろなスポーツマンと知り合い、スポーツや健康法について語り合った。

こうしてスポーツマンとの人間関係づくりを続けていたので、水野の店には著名なスポーツマンが数多く訪れるようになった。それらのスポーツマンたちの体型をモデルにして、スポーツウェアをつくり始めた。この日本におけるスポーツウェアの草分け的な存在である。

美津濃は〝すべての面で育成された人間〟を求め続けた。社員一人一人が自ら人間性を練磨し、能力向上に努力し精進して、より完成度の高い人間を目指そうとした。

「〝全人間〟が一致団結し、心を通わせてビジネスに取り組んでこそ、ほんとうのスポーツの振興ができ、社会の役に立つことができる」と訴えた。二〇二〇年の東京オリンピック招致の時、身ぶり手ぶりを加えたスピーチで招致の立役者となった水野正人はきっと祖父である利八の想いを背負ってプレゼンテーションしたに違いない。

大塚正士

働いて、働いて、
働き抜いてこそ、
努力は報われるし、
運も神も
呼び寄せることができる。

大塚正士

大塚製薬　創業者

おおつか・まさひと／一九一六年生まれ。度重なる危機を乗り越え、大塚製薬、大鵬薬品、大塚食品など二十数万人規模の大塚グループをつくりあげた執念の人物。

「私が苦境のどん底にあったとき、私を支えたのはまさにこの会社をつぶしてなるものかという執念であった。負けてたまるかという闘志であった。商売、経営は、経営者が希望を失わなければそう簡単に破綻するものではない。私の事業歴には後退という記録はない」と大塚は語る。

大塚は何回も危機に直面しており、倒産寸前の状態にまで追い込まれた。「人生も経営も正しい判断がすべてである」と大塚は語り、「努力すれば必ず活路を見いだせる。苦境脱出の道は必ずある」と、体験をもとにして語っている。

オロナミンC、カロリーメイト、ポカリスエット、いずれも大塚製薬の〝永遠のヒット商品〟と言われているものばかりだ。これらは、大塚の陣頭指揮によって開発されたものである。「働いて、働いて、働き抜いてこそ、努力は報われるし、運も神も呼び寄せることができる」。これが大塚実践哲学である。

筆者は四国の徳島にある大塚製薬研究所に組織開発のコンサルタントとしてかかわったことがある。研究者の方々はまじめで、コツコツ研究を深めていた。筆者への依頼は、「研究結果を早期に商品化できる組織の体質づくり」であった。創業者の想いを継承し常に世の中に先駆けた商品づくりを重点にした大塚製薬らしい課題であった。

高木禮二

一生懸命という言葉は「命を懸ける」と書く。絶体絶命の淵で全生命、全バイタリティーが一点に集中すると不可能が可能になる。

高木禮二
明光商会　創業者

たかぎ・れいじ／一九二七年生まれ。無資本で創業し、中堅企業ながら、シュレッダーでは抜群の知名度になるまでエネルギッシュに粘り強くリードした人物。

高木は創業前にはコピー機のセールスマンをしていた。そこでの経験を生かして感光紙の現像液を製造、販売することを思いついた。若き高木は創業しようとしても資金が全くなかった。高木は「金はないが、若さがある」と考えた。そして「何としても自分の手で起業をしてやるぞ！」という情熱が人一倍あった。そして高木はエネルギッシュに行動を開始する。

まずその第一歩は事務所の確保であるが、無一文で勇気と情熱だけを持ち合わせている高木は、家賃あと払いで、権利金、敷金ともにゼロという事務所を確保すべく友人知人らに頼み歩いている。

高木の無理難題に、友人らはあきれ返った。しかし何が何でも企業を興したいという高木の情熱が友人らを動かした。家賃あと払い、権利金、敷金なしという事務所を確保できたという。

高木は語る。

「世の中不思議なものでカネが無ければ、無いなりに知恵を絞って働くからなんとかなるものだ。人間はなまじっかカネがあると働かない」

情熱と知恵と行動でニッチナンバーワン企業を目指した高木の会社は、今ではシュレッダーにおいては常に上位を保つ企業となっている。

岩崎俊弥

人はやりやすいものに喜んで飛びつくが、厄介なものには背を向ける。これではとても成功はありえない。

岩崎俊弥

旭硝子（現ＡＧＣ）創業者

いわさき・としや／一八八一年生まれ。三菱商事や日本郵船などを興した岩崎弥太郎の弟で、当時イギリスに留学し海外動向を学び、日本の科学工業の遅れを取り戻そうと板ガラスの日本での製造に取り組む。

「目の前の利害や特質は関知するところではない。苦労は覚悟の上で板ガラス工業を起こし、日本の産業として完成させたい。それこそ自分に課せられた最大の事業である」と志を立てて事業に取り組んだ。困難に向かい「これこそ天職」と考え、心魂を傾けた。「とかく人間はやりやすいものには喜んで飛びついていくが、難しく、厄介なものには目を背けて敬遠したくなる。これではとても成功はありえない」

岩崎は人間のわがままを極度に嫌った。「私は絶対にそんな人間にはならんぞ。難しいものにむしろ喜んでぶつかっていってこそ成功があるのだ」。そうした岩崎の姿に心惹かれ、協力者が集い、彼の志を支援しようと動き出すのであった。

「皆の力を合わせてやれば、やれないことはないはずだ。頑張ろう」。岩崎は一人一人の手を固く握りしめ、支援の輪を広げていった。

岩崎経営の核には聖徳太子の十七条の憲法の「和をもって貴しとなす」がある。岩崎の心の中には、いつも「和」という言葉が脈打ち生き続けていたという。

筆者もコンサルタントとして旭硝子の特約店グループの指導を数年間実施した経験があるが、旭硝子では社内のみならず、特約店との連携さえも和の精神を大切にして行っていたことを思い出す。

8章

今日からスタート
やってみなはれ

西川俊男

「今日からスタート」
過去を切り捨てよ。

西川俊男
ユニー　元社長

にしかわ・としお／一九二五年生まれ。名古屋商人の血をひくユニーの二代目であるが、実質的創業者。同業他社との共存を図りながら勢力拡大する。

西川は日頃から次のように語っていた。

「私には日頃から好きな言葉に『今日からスタート』というのがある。世の中めまぐるしく変化するのに、ややもすると、過去の延長として物事を進めていくことが多い。そして、取り返しのつかない大きな失敗を犯すことがある。

だから最近は過去と全く異なった発想が必要である。過去をどうやって切り捨てるか。何を新しく選ぶのか。『今日からスタート』。過去の経験にとらわれない自由な発想を大切にするため、私は自分自身にまず言い聞かせ、同時に行動力を植え付けようとしてきた」

西川がユニーの社長に就任して真っ先に手掛けたのが、二年間で実に約三十店舗を閉鎖したことである。西川の言葉通り、過去をどうやって切り捨てるかで荒療治をしたわけである。「今日からスタート」を標榜していた勇気と決断と実行力であった。

西川は三つのスローガンを掲げており、以下に紹介する。

一、既成概念にとらわれず、新しいものを生み出す想像力のある人材。
二、創造的商人に徹する。
三、会社で働くことが幸福に直結する理想の企業―楽園企業を実現したい。

小林孝三郎

思い立ったが吉日で、
常に現時点を
チャンスに好機と考えて
行動すること。

小林孝三郎
コーセー 創業者

こばやし・こうざぶろう／一八九七年生まれ。戦後間もない頃、五十一歳で独立。敗戦の混乱で原料、材料の全く無い中「現時点を好機」として行動し続けコーセーの基盤をつくる。

チャンス、好機というものはすべての人々に平等にやってくる。だがそのチャンスをつかむことは難しい。多くの人々は、あとになって「あのときがチャンスだったのだ」と気づくが、その時はもう遅い。

どんな時代であっても成功に導くのは工夫を凝らしたやり方である。やり方さえ間違えねば必ず成功する。そしてチャンスは常にある、今もある……。

多くの人は、チャンスや運は「やってくるもの」「あたえられるもの」「恵まれるもの」と思い込んでいる。「チャンスや運に恵まれることはごくわずかで、一生のうち何回もない」と一般の人は考える。しかし小林の考えは全く違っている。

「チャンスは常にある、いまもある」と考えていたわけだ。つまり、思い立ったが吉日で、常に今の時点を〝チャンス〟〝好機〟と考えて行動することこそが大切な男の生き方だというわけだ。

小林は「運イコール実力、遊んでいて運はつかめない」と語っているが、これもまた運を追い求めて必死に戦い続けてきた人間だからこそ言える言葉であろう。

「運はハコブ」なり（運という字はハコブという字でもある）と言って、自分から取りに行くという積極さこそが大切だというわけだ。

鳥井信治郎

「やってみなはれ、
やらせてみなはれ」
やってみなけりゃ
わかりまへんで。

鳥井信治郎
サントリー　創業者

とりい・しんじろう／一八七九年生まれ。サントリーの前身「寿屋」の創業者。「赤玉ポートワイン」や「ウイスキー山崎」等、洋酒専門の酒屋を目指す。「やってみなはれ」の日本的ベンチャーの草分け的存在。

筆者は産業能率大学の経営管理研究所にコンサルタントとして在籍していた時、サントリーの職場開発に数年間通っていた。

各職場の壁には「やってみなはれ、やらせてみなはれ」の言葉が貼り出されていた。部課長たちは、若い社員の提案や、やりたいことを自由にやらせた。筆者も新しい提案を持ち込み「成功するか失敗するかは五分五分なんですが……」と語ると決まって彼らは「先生やりましょう。成功の確率を限りなく百パーセントに近づけるのが私達管理者の仕事ですから……」と、提案に飛びつき他社に先駆けて挑戦し成果をあげた。

「陰徳あれば陽報あり。言に怯にして行うに勇あり。開拓魂や。これが寿屋の創業以来の精神やで。そやなかったら、アメリカにもヨーロッパにもあれへん。英国だけにしかないスコッチタイプのウイスキーをつくろうなんて考えてへん。

やってみなはれ、やらなわからしまへんで。酒ちゅうものはみな生きてま。どんな酒かて置いてみなはれ」

その後の社長となった佐治敬三がビールを出そうと決断し、鳥井に打ち明けた時、鳥井はただ一言、「やってみなはれ、男ならやってみなけりゃわかりまへんで」と言ったそうだ。

山科直治

我社では創業以来、一貫して〝創業元年〟というスローガンを掲げている。すなわち、初心忘れるな、ということである。

山科直治
バンダイ　創業者

やましな・なおはる／一九一八年生まれ。山科の上京当時、東京には三百社の玩具問屋があった。山科は三百社中の二百九十九番になりたいと考えて努力した。そして達成すると次に二百九十八番になりたいと頑張り、トップメーカーに発展させる。

「自分の手で、世界の子どもたちに夢を与える玩具をつくり出したい」

この想いが後発企業のバンダイをトップ企業にまで発展させた原動力となった。

山科はトップ企業になっても創業時の夢を追い続けた。そして過去を振り返ることはしなかった。

人間だれしも過去を振り返り苦しかった時代を思い出し、時には暗い気分になることもある。また苦労を重ね成果を出した成功者ほど自分の歩みを自慢したくなる。過去の栄光にすがって生きようとする人も時にはいる。このことは人間としての進歩をストップさせてしまうというわけだ。

山科は決して、過去を振り返ることはしなかった。

「山科語録」の〝創業元年、創造元年〟という言葉を単なるスローガンに終わらせることなく、創業以来、一貫して実践しているところに、バンダイの発展のカギがある。

山科は語った。「いまの若い人はどうも夢に生きるということを知らないようだ。私はこれからもどんどん会社をつくり、若い人にゆだねたい。そして若い人に自分もやれるんだという自信をもたせてやりたい」。ここにも若者の声を活かして発展し続けるバンダイの姿がある。

森永太一郎

仕事ははじめる最初が
肝心である。
その仕事が何であっても、
最初の出発点をしくじると、
たとえうまくいく仕事であっても
うまく発展しないものだ。

森永太一郎
森永製菓　創業者

もりなが・たいちろう／一八六五年生まれ。製菓王・森永太一郎は昭和のはじめ、子ども向け『偉人伝文庫』の大スターの一人で数多くの子どもたちに、生きることの素晴らしさを教えた。

戦前の子どもたちが夢中になって読んだ偉人伝に森永が登場している。〝幼児期に父を失い、さらに母とも別れて孤児同然の身となった少年太一郎が、繰り返し押し寄せる困難にもめげずに努力精進して、ついに製菓王となるまでの歩みが語られている〟この本を手にした子どもたちはまるで冒険物語を読むようにむさぼり読んだという。「森永語録」は、製菓王とされる森永が創業についての心得を物語ったものである。

彼が日本で初めて西洋菓子製造に取り組んだのは三十五歳の時である。十年間アメリカで磨いた製菓職人修業の腕を生かすべく、赤坂の小さな家の土間で、マシュマロの製造から森永製菓はスタートする。

「無から有を生み出す創業には、まずこれでなくてはいけない」と、〝資本三分主義〟を実践した。三分主義とは手元資本を固定費、流動費、予備費の三つに区分、しかもスタート時点には投資額を手元資本の三分の一以下におさえるというものである。

「菓子づくりこそ自分の天職」と心に決め、やりとげた森永なりの創業法といえる。

今や大企業となった森永も、小さな家の土間からスタートした商店であったことを知ると感慨深いものがある。次代の日本を負う若手ベンチャー起業家たちも未来に夢をもち、三分主義で頑張っていただきたいと願わずにはいられない。

牛尾治朗

〝判断は天守閣で日常生活はグラウンドで〟「小事を省き、大事を思う」

牛尾治朗

ウシオ電機　創業者

うしお・じろう／一九三一年生まれ。兵庫県生まれ。東大卒。日本青年会議所の会頭や経済同友会の代表を歴任。自社の事業である「光の装置」のような、身体全体から高品質な光を放ち日本の今日を導いてきたカリスマリーダーである。

筆者は「経営道フォーラム」設立時に、発起人の依頼に牛尾のところにお伺いしたことがある。経済同友会のリーダー的存在で常に光を放っていた牛尾の発言を紹介しよう。

「視野を広げるには、高いところへ上ることだ。ウシオ電機では、姫路に工場があり、外国からのお客様を案内し天守閣に登る。

瀬戸内海は一望にあり諸国までが望みうる。東西南北ともに窓があいている天守閣は、まさに絶好の社長室である。眺めていると、実に気宇壮大になり『小事を省き、大事を思う』心境にもなれる」

さらに牛尾は語る。

「日本が伝統的にグラウンドに降り立ち、ともに汗を流すリーダーシップを確立してきた。しかし常にグラウンドは、リーダーの目線も皆と同じ高さで、ともすれば目先の利害尺度でものを考え、低い目線で意思決定してしまう危険がある」

経営者は、年に一度や二度は天守閣に登り過去から未来への長い時間を眺め、広い視野に立ってこれからの経営を考えてみる必要がある。〝判断は天守閣で、日常生活はグラウンドで〟と語った牛尾の言葉は今でも筆者の耳に残っている。

小佐野賢治

勝負に勝つためには、
戦況について
情報収集することだ。
情報は偏らず
各方面から集めよ。

小佐野賢治
国際興業　創業者

おさの・けんじ／一九一七年生まれ。山梨県の山の中の貧しい家から上京、自動車部品の店員からスタートし、戦時中は金脈を探してかけめぐり「ロッキード事件」にまで発展する人生を過ごす。

小佐野は語る。「事業が、勝負の要素をもつものであるなら、勝負強さも経営者のたいせつな資格の一つである。勝負に勝つためにはまず、戦況についてあらゆる情報を収集することである。幅広く、深く、各方面から情報を集めることである」

さらに小佐野語録を続けよう。

「私は日頃のいろいろな人とのお付き合いのなかに、情報網を縦横に張りめぐらせている。こうして集められた情報をもとにして決断を下すのである」

「決断する時は勘で行う。勘は経験と計算に支えられており、コンピュータにできない決定を下す力がある。そこで〝進め〟と結論が出たら、全力でこれに当たり、〝止まれ〟と結論が出たら未練を残さず、きっぱりと手出しをしないことである」

戦時中、当時の最高権力「軍」に食い込み、御用商人として荒稼ぎした二十代の小佐野の〝実力〟を物語る秘話である。

今日の貨幣価値にして数十億円の大金をつかんだとされている。

「私が金を持っていなかったら、だれが私を相手にしてくれるか。『小佐野さん』『小佐野さん』と人が集まってくれるのも、私が金を、力を持っているからだ。ただそのためだけではないか……」。少し悲しい話だが確かにそうかもしれない。

三澤千代治

水は高い方から低い方へ流れる。
情報も頭の高い方から
低い方へ流れていく。
頭を低く下げていくなら、
おのずといい情報が
集まってくるものだ。

三澤千代治
ミサワホーム　創業者

みさわ・ちよじ／一九三八年生まれ。若くして画期的な木質パネル接着工法を考えてローコスト住宅を開発した。日本の住宅建設に変化を起こした人物。

三澤は情報人間であり、新しさに敏感であった。

情報力と画期的なアイデアがミサワホームの飛躍をもたらした。

「マイホームをもちたいと望んでいる人は多いのに、建築費は上がるばかりだ。これではとても家などもてない。建築費が高いのは、昔からの柱や梁があるからだ。なんとかこの柱や梁を取り除く方法はないものだろうか」

こうして三澤が考えついたのが、接着剤だけで釘を一本も使わないで家を建てる「木質パネル接着工法」という、日本建築の概念を根本から変えるものだった。

三澤は建築会社にこのアイデアを売ろうとして交渉したがまとまらなかった。

「だれもやろうとしないなら、自分の手でやるしかない」と決断し、木材会社を経営する父親に協力を要請した。ものわかりのいいはずの父親だが、あまりにも突飛な話をする息子にあきれて、頑強に反対した。しかし、何度も何度も父と向かい合う三澤の粘りに負け、とうとう父はＯＫを出した。

彼は父の会社の三沢木材に入社し、その後ミサワホームを設立、「木質パネル接着工法」の事業をスタートさせた。多くの住宅メーカーが儲け第一主義をとる中、三澤は初志を貫き、ローコスト住宅の開発に力を入れミサワの今日を導いてきた。

内藤豊次

神も仏も、むろん
他人も頼るに足らず、
頼りになるのは
自ら自身以外にない。

内藤豊次
エーザイ　創業者

ないとう・とよじ／一八八九年生まれ。田辺製薬の常務・新薬部長の時代は「エビオス」など一世を風靡する製品をつくり、田辺の大黒柱であった人物だが、想いを抱いて定年後にエーザイを創業した。

筆者は以前エーザイの管理者研修を担当していた。その時、エーザイのフィロソフィーマークのｈｈｃ（ヒューマン・ヘルスケア）がナイチンゲールの直筆のサインをもとに組み合わせデザインされていると知り驚いた。

そういえば創業者の内藤は戦時中近衛歩兵隊に入ったが、片目を閉じて銃を撃つことができないことから看護卒にまわされたと聞く。

博愛を旨としたナイチンゲールスピリットは筆者も大好きな思想である。

負傷して苦しむ戦友たちを目の当たりにしてその痛みを和らげる薬と、ナイチンゲールのような献身的な介護活動や心根が大切だと内藤の魂はゆり動かされたに違いない。そのことが内藤の生涯を薬の道に歩ませたものと思われる。

内藤は、人には四つの人生があると語る。第一の人生は生まれてから実社会に入り、結婚するまで。第二は結婚して定年になるまでで、この間は〝修行の時代〟。第三は定年後にそれまでの知識や経験を生かして確立する人生。内藤はそれに第四を加え、「第四の人生こそが、社会への奉仕精神であり学問の尊重という崇高な次元である」という。

田辺製薬を勤め上げ、定年後にエーザイを創業した内藤はこの第四の人生が立派に実ったといえよう。

大社義規

「禍福はあざなえる縄のごとし」
と言うように、
ずっと悪いことばかりじゃない。
いつか必ず、いい芽が出る。
要はツキが落ちたときに、
悲観してはいけないということだ。

大社義規
日本ハム　創業者

おおこそ・よしのり／一九一五年生まれ。二十七歳で独立し徳島で始めた小さな町工場を日本一のハムソーセージ会社に育てた。そして最後は、プロ野球の日本ハムのオーナーになる。

「何をやってもうまくいかないときも必ずあります。そうした局面で何をしたか、どう対処したかによって、その後の局面が大きく変わります。ツキのないときに『俺は運が悪い』と思ってもなんの益もありません。むしろますます深みにはまり、本当にだめになってしまうでしょう。そんな場合には、じっと辛抱してもちこたえていれば、不思議と運が開けてくるものなんです」

大社は語る。

「何か新しい仕事をはじめるに当たっては、そのとき、ツキまくっている人間に担当させます。彼ならうまくいきそうだという人間にね。野球の三原脩さんも監督時代、代打を出すときにはベンチを見回して、運のよさそうな選手を指名したそうです。

しかしツキのない人間はだめかというと、そんなことはない。いまひとつ運がないなと思える社員は、他の仕事をさせて待ちます。私はみんなによく言うんです。私は運がいいんだから、私と一緒に仕事をするみんなも運がいいに決まっている」

大社には、運が味方してくれている、という確信のようなものがあったようだ。確かに大社の日本ハムは、創業してから波に乗って、株式上場、合併そしてプロ野球のオーナーとまさに運がついて回った会社といえよう。

茂木啓三郎

「積羽沈舟」(せきう、ふねをしずむ)
という諺《ことわざ》があります。
羽のように軽い細やかなものでも、
これを重ね積み上げていくと、
やがて舟を沈めるほどの力に
なるんだということであります。

茂木啓三郎

キッコーマン　中興の祖

もぎ・けいざぶろう／一八九九年生まれ。啓三郎は人望のあった、飯田庄次郎の次男として生まれるが、茂木家の養子に入り「産業魂」に徹する、という精神のもと、今日のキッコーマンの基盤をつくりあげた。

筆者が「経営道フォーラム」を立ち上げる際、茂木に発起人となってもらった。筆者は何度か茂木に面談し指導を受けたが、一言一言に重みがあり、強烈な存在感のあるカリスマ企業家であった。

当時の山城章（故人・一橋大学名誉教授）の勉強会には茂木のご子息・友三郎も出席していた。キッコーマンが欧米に日本の醤油を導入して世界基盤をつくったのは啓三郎、友三郎親子の輝かしい実績である。以下に啓三郎の新入社員に贈る言葉を紹介する。

「諸君には〝報恩の生活を送れ〟と申し上げたい。諸君のこれまでの生活は、人の世話になり社会の世話になって、多くの人々から恩を受けて今日に至ったものであります。その恩に報いる生活を送る決意をしてほしい。国家の恩、両親の恩、先生の恩……。この機会に孝行する決意を固めて、多くの人の期待にこたえていただきたい」

〝報恩〟をしっかりと社員に伝え、社風としてもお客様や仕入先の方々の〝恩に報いる活動〟を促していた茂木の言葉である。

「〝初心忘るべからず〟。初めに決心してもそれを貫くことは、容易ではない。だんだん生活に慣れてくると、油断も驕りも怠りも、時に不平不満も起きてくることは、人生の避け難き通弊としてこれを戒めた言葉である」

佐々木八十八

軽々しい情は相手をかえって不幸にすることがある。目先にはとらわれず、一歩先を見て、暖かい知性で物事を判断するように。

佐々木八十八

レナウン　創業者

ささき・やそはち／一八七四年生まれ。現在のレナウンの前身をつくった男であり、物事を考えるスケールの大きさや発想の斬新さにおいても、並みの人とは次元の違う異能の人であった。

右の言葉は、夏目漱石の『草枕』の冒頭「智に働けば角が立つ。情に掉させば流される。意地を通せば窮屈だ。とかくに人の世は住みにくい」からヒントを得たもののようだ。佐々木はこだわりの少ない寛大な心と、温かい知性を好んだ人物だったようだ。

佐々木の発想のユニークさは素晴らしい。当時は大阪の船場商人の服装は着物に前掛け姿だった。佐々木の店だけは洋服を着て、ハイカラなお店として評判になったという。驚くことはこの時代に週休制を採用したという。たぶんレナウンは日本初の週休制導入の企業ではないか。

当時イギリス皇太子が訪日した時のお召艦が巡洋戦艦「レナウン号」であり、その水兵は金色の RENOWN と記された、しゃれた文字の帽子をかぶっていた。

佐々木は「そうだ。これを商品名にしよう」とひらめいたという。佐々木の宣伝法や、マーケティングセンスは抜群だったといえよう。

CMソングの全盛期時代には服部正、三木鶏郎らに依頼していくつかCMソングをつくり、女性の心を明るくリードしている。その中でも一世を風靡したのは小林亜星作詞・作曲の『ワンサカ娘』。「ドライブウェイに春がくりゃ」ではじまる軽快なメロディーは大好評であり、以来二十年にわたってレナウン・ソングとして親しまれてきた。

吉田秀雄

仕事は自ら創るべきで、
与えられるべきでない。

吉田秀雄
電通　中興の祖

よしだ・ひでお／一九〇三生まれ。非近代的と言われた広告業界に新風を起こし、若くして四代目社長となり電通の基盤をつくった中興の祖。「電通鬼十則」は各企業に応用され、日本の高度成長をリードする言葉となった。

東大卒にして、当時ではめずらしい学生の身で妻子持ち、電通に入社した吉田は、非近代的と言われた広告業界に新風を起こし、大きく業界を変える働き方をする。業界のさまざまな革新を手がかりに、その功績がみとめられて四十二歳の若さで四代目社長となる。この間の勇猛精進ぶり、鬼社長ぶりは数々の伝説がある。

以下に紹介するのは有名な吉田の鬼十則である。

一、仕事は自ら「創る」べきで、与えられるべきでない。

二、仕事とは先手先手と「働きかけ」て行くことで、受け身でやるものではない。

三、「大きな仕事」と取り組め。小さな仕事は己を小さくする。

四、「難しい仕事」を狙え。そして之を成し遂げる所に進歩がある。

五、取り組んだら「放すな」。殺されても放すな。目的完遂までは。

六、周囲を「引き摺り廻せ」。引き摺るのと引き摺られるのとでは永い間に天地のひらきが出来る。

七、「計画」を持て。長期の計画を持っていれば忍耐と工夫と、そして正しい努力と希望が生まれる。

八、「自信」を持て。自信がないから君の仕事には迫力も粘りも、そして厚味すらがない。

九、頭は常に「全回転」。八方に気を配って一分の隙もあってはならぬ。サービスとはそのようなものだ。

十、「摩擦を怖れるな」。摩擦は進歩の母、積極の肥料だ。でないと君は卑屈未練になる。

余談であるが筆者は三十歳の頃、吉田のご子息吉田宏社長の会社（帝人ボルボ）でコンサルタントをしていたことがある。吉田社長は帝人グループのエリートでまさに鬼のお父様の教育がいきとどいた優れ者社長であった。若かりし頃、吉田宏社長の影響を受けた筆者は、今でも鬼十則の孫弟子だと思っている。

松下幸之助

素直な心になりましょう。素直な心はあなたを強く聡明にいたします。

松下幸之助

松下電器産業（現パナソニック）創業者

まつした・こうのすけ／一八九四年生まれ。「物の豊かさ」と「心の豊かさ」を求め続け、経営の神様とも言われた。平成元年に九十四歳で天に召されるが、その臨終の言葉は「松下電器の社員は幸せで働いているかね」であったという。

松下の商売の原点は「どうしたら儲かるか」でなく、「いかにお客様に喜んでいただけるか」にある。大勢のお客様の立場になりきって仕事をすることの大切さを訴えている。〝松下電器の商人〟たちは「①相手の心が読めること②人情の機微がわかること③相手以上に頭の下がる人間になること」に努力を続けてきた。

松下の創設したPHP研究所は「素直な心になりましょう。素直な心はあなたを強く聡明にいたします」として素直な心の運動体として設立された。松下のいう「素直な心」というのは、利害や感情、知識や先入観などにとらわれず、物事がありのままに見え、なすべきこと、なさざるべきことがわかってくるというわけだ。

素直な心になるためには、まず「素直な心になりたいと強く願うこと。次に自分を客観的に観察し、正すべきを正していくこと、そして、毎日自分の行いを反省し、改めるべきは改めていくこと」。また、「自然と親しむこと」と松下は説いている。

大自然の素直な働きに学んでいくこと。そして「先人に学ぶ」として、先人の尊い教えに触れ、学び帰依していくことが大切であるとしている。これらの実行により、人は「心が清らかに美しく整備された状態」になるというのが松下の教えである。

あの社長のこの言葉

発行日　2019年　6月30日　第1刷
　　　　2019年　9月 3 日　第2刷

Author　市川覚峯

Book Designer　三森健太(JUNGLE)

Publication　株式会社ディスカヴァー・トゥエンティワン
〒102-0093　東京都千代田区平河町2-16-1 平河町森タワー11F
TEL　03-3237-8321(代表)　03-3237-8345(営業)
FAX　03-3237-8323
http://www.d21.co.jp

Publisher　干場弓子
Editor　千葉正幸　渡辺基志

Editorial Group
Staff　藤田浩芳　岩﨑麻衣　大竹朝子　大山聡子　木下智尋　谷中卓　林拓馬
堀部直人　松石悠　三谷祐一　安永姫菜　郭迪　連苑如　施華琴

Marketing Group
Staff　清水達也　佐藤昌幸　谷口奈緒美　蛯原昇　伊東佑真　井上竜之介　梅本翔太
小木曽礼丈　小田孝文　小山怜那　川島理　倉田華　越野志絵良　斎藤悠人
榊原僚　佐々木玲奈　佐竹祐哉　佐藤淳基　庄司知世　高橋雛乃　直林実咲
鍋田匠伴　西川なつか　橋本莉奈　廣内悠理　古矢薫　三角真穂　宮田有利子
三輪真也　中澤泰宏

Business Development Group
Staff　飯田智樹　阿奈美佳　伊藤光太郎　志摩晃司　瀧俊樹　林秀樹　早水真吾
原典宏　牧野類　安永智洋

IT & Logistic Group
Staff　小関勝則　岡本典子　小田木もも　高良彰子　山中麻吏　福田章平

Management Group
Staff　田中亜紀　松原史与志　岡村浩明　井筒浩　奥田千晶　杉田彰子　福永友紀
池田望　石光まゆ子　佐藤サラ圭

Assistant Staff
俵敬子　町田加奈子　丸山香織　井澤徳子　藤井多穂子　藤井かおり　葛目美枝子
伊藤香　鈴木洋子　石橋佐知子　伊藤由美　畑野衣見　宮崎陽子　倉次みのり
川本寛子　王廳

Proofreader　文字工房燦光
DTP　株式会社RUHIA
Printing　大日本印刷

・定価はカバーに表示してあります。本書の無断転載・複写は、著作権法上での例外を除き禁じられています。インターネット、モバイル等の電子メディアにおける無断転載ならびに第三者によるスキャンやデジタル化もこれに準じます。
・乱丁・落丁本はお取り替えいたしますので、小社「不良品交換係」まで着払いにてお送りください。
本書へのご意見ご感想は下記からご送信いただけます。
http://www.d21.co.jp/inquiry/

ISBN978-4-7993-2515-5　©Kakuhou Ichikawa, 2019, Printed in Japan.